KB073566

심상정,
우공의 길

심상정,
우공의 길

심상정 말하고　**구영식** 엮다

21세기북스

차례

1

촛불혁명, 담대한 희망

1-1 촛불 청년의 외침

"박근혜를 탄핵하면 내 삶이 나아지나요?"

구영식 노동운동 25년·진보정치 20년, 심상정 의원이 뚫고 지 나온 방대한 역사다. 이야기의 서두를 어디서부터 시작 할까 고민이 많았다. 국민들의 뇌리에 심상정이 각인되 었던 것은 아무래도 촛불혁명인 것 같다. 심 의원님에 게 촛불혁명은 어떤 의미였나?

심상정 촛불광장에서 만난 한 청년의 절절한 외침이 오래도록 가슴에 박혀 있다. "박근혜를 탄핵하면 내 삶이 나아지나요?" 나는 이 말이 1700만 촛불의 염원이 압축된 시대정신이었다고 생각한다. 창원의 촛불광장에서 20대 비정규직 노동자가 마이크를 잡았다. "4년 동안 회사를 비정규직으로 다니는데 월급에서 월세 등 이것저것 다 빼면 10만 원 정도가 손에 잡힌다. 제가 사귀는 애인이 있는데, 결혼은 꿈도 못 꾼다. 미래를 생각하면 가슴에서 설움이 올라온다." 한동안 목이 메어 침묵했던 그 청년이 가슴에 꽁꽁 싸매던 말을 다시 꺼냈다. "이대로 10년, 20년 살려고 하면 못 살 거다." 그 목소리가 너무 담담해서 더 슬펐다. 많은 사람들이 그 영상을 보고 눈물을 흘렸다.

촛불광장 이곳저곳에서 청년과 청소년들의 목소리가 분출되었다. 내게는 아주 생소하고 낯선 장면이었다. 우리 세대의 통념으로는 교복 입은 학생들은 교실이나 학원에 있어야 했고, 대학생들은 알바와 취업준비로 정신없이 살아가고 있었다. 어떻게 이렇게나 많은 청년들이 광장으로 몰려나왔을까? 궁금해하며 무슨 말을 하고자 하는지 나는 청년과 청소년들이 모인 자리를 늘 맴돌곤 했다.

‘흙수저론’과 ‘헬조선(대한민국은 지옥이다)’, ‘이생망(이번 생은 망했어)’을 외치면서 극단적 불평등과 불공정 속에서 꿈에서조차 희망을 말하지 않던 때였다. “능력 없으면 니네 부모를 원망해. 돈도 실력이야”라던 정유라를 향해 분노가 표출되었다. 아무리 노력해도 오를 수 없고 기를 쓸수록 멀어지는, 미래가 마치 시지프스의 바위 굴리기 형벌과 같다고 느낀 건 아니었을까 생각했다. 청년들은 박근혜 정부에 대한 탄핵을 넘어서, 불평등과 특권으로 범벅된 불합리한 시대를 탄핵해주길 바랐다.

　우리가 살아갈 수 있는 정의로운 미래를 되찾아달라, 다시 사랑할 수 있는 대한민국을 만들어 달라는 간곡한 호소였다. 나는 우리 사회 변화를 향한 시민들의 거대한 열망을 목격했다. 그 선두에서 눈물을 흘리며 호소하는 청년들의 눈을 바라보았다. 박근혜 탄핵을 넘어서 민생-정치개혁을 완수해달라는 촛불의 염원을 온 가슴으로 받아안고 싶었다. 청년들이 시대정신이 되었음을 깨달았고, 청년들의 눈물이 내 정치의 이유가 됐다.

"나는 여러분들이 박근혜 대통령 파면만을 위해서 5개월 동안 촛불을 들었다고 생각하지 않습니다."

"암만 열심히 공부하고, 암만 열심히 노력해도 미래를 설계할 수 없는 이 삶의 고단함, 이 의문점이 여러분들을 광장으로 불러낸 것입니다."

"여러분들은 우리 시대에 가장 불합리하고 가장 불평등한 이 부조리를 온몸으로 체험하고 있는 세대에요. 우리 부모님들 세대보다 더 못살 가능성이 높은 세대가 바로 여러분들입니다. 이 생각에 미치면 제가 가슴이 찢어질 것 같아요."

"여러분들 잘못입니까? 여러분들 최선을 다하고 있죠? 정말 공부 열심히 하고, 알바하고 어떻게든 좋은 직장 취직하려고 기를 쓰고 있죠? 그런데 쉽지 않죠. 너무 고단하죠. 여러분들 책임이 아니에요. 60년 기득권 정치가 이렇게 만들었어요."

—17년 대선 일산 유세 당시

구영식 청년들이 탈정치화되었다는 비판이 많았는데, 이례적으로 촛불혁명에 대거 가담했다. 청년들의 촛불이 심의원의 정치에 어떤 계기가 된 것인가?

심상정 17년 대선 당시 구름처럼 한가득 청년들이 내 유세장을 찾아주었다. 그 누구도 전혀 예상하지 못한 일이었다. 오히려 유세장에 사람이 너무 없어서 휑하면 어떡하지? 하는 걱정이 참 많았다. 우리 지지자와 당원분들은 대개 생업종사로 바쁘신 분들이 대다수인데, 낮 시간에 누가 나타날까 싶었다. 특별한 홍보가 있었던 것도 아니었다. 그런데 막상 유세장에 도착해보니 그 넓은 광장 이쪽에서부터 저쪽까지 빼곡했다. 연단에 올라 그들의 대부분이 청년이라는 것을 확인한 순간, 너무나 벅차올랐다. 눈물이 쏟아질 것 같았다.

나는 연설을 하면서 참석한 시민 한 사람 한 사람과 눈을 맞추었다. 그들은 심상정의 당선을 위해서, 심상정을 열렬히 지지하기 위해서 온 것이 아니었다. 분노에 차서 규탄하러 온 사람들도 아니었다. 내가 악수를 청했을 때, 청년들은 그저 꼭 껴안아달라고 했다. 청년들은 내 어깨에 기대서 눈물을 흘리며 자신의 어려운 처지를 속삭였다. 나는 여러분 잘못이 아니라고 말했다. 60년 기득권 정치가 암만 열심히 노력해도 미래를 설계할 수 없는 이 고단한 삶을 만든 것이라고 말해주었다. 나는 촛불을 들고 나를 껴안으며 울었던 청년들에게 약속했다. 여러분들의 삶을 바꾸는 대통령이 되겠다. 청년들이 다시 사랑할 수 있는 대한민국을 만들겠다.

2016년 10월 27일, 정치권 최초 박근혜 대통령 하야 촉구 기자회견

존경하는 국민 여러분, 정의당은 오늘부터 국민과 함께 대통령 하야 촉구 행동에 나서겠습니다.

지금 국민 사이에서는 대통령의 탄핵과 하야를 촉구하는 목소리가 들불처럼 번지고 있습니다. 대다수 국민은 박근혜 대통령에게 통치권을 더 이상 이대로 맡겨둬서는 안 된다고 생각하고 있습니다.

문제가 단순한 정책 실패였다면, 여야가 갈렸을 것입니다. 또 국정운영 기조의 차이였다면, 보수와 진보가 대립했을 것입니다. 그러나 지금 대한민국 전체가 깊은 충격과 고뇌에 빠져있습니다.

이는 바로 국정 최고 책임자인 대통령에 의해 민주화 이후 최악의 헌정 유린 사태가 일어났기 때문입니다. 박근혜 대통령은 국민이 위임한 권력을 아무 권한도 없는 자에게 내맡겼습니다. 국가기밀 등 외교·안보를 포함한 국가 정책 결정과 인사(人事)와 메시지 등 국정운영 전반에 걸쳐 대통령의 통치권을 공유했습니다. 박근혜 대통령은 국민의 신임을 철저히 배신했습니다. 국정을 담당할 자격을 스스로 부정했습니다. 헌법수호의 관점에서 박근혜 대통령의 대통령직 유지는 용납될 수 없다는 것이 국민의 뜻입니다.

안보도 경제도 앞이 보이지 않는 상황에서 대한민국이 정처 없이 표류하고 있습니다. 그런데 정치권은 국민의 이런 엄중한 상황인식을 제대로 쫓지 못하고 있습니다. 특검 실시 정도로 사태를 수습 또는 관리하겠다는 속내를 드러내고 있습니다.

박근혜 대통령은 새누리당 상표로 당선된 대통령입니다. 최근까지도 새누리당은 국감까지 보이콧하며 최순실 일당을 비호해 왔습니다. 헌정 유린 사태의 공범이 무슨 협상입니까. 새누리당은 야당과 국민의 요구를 조건 없이 수용하고, 국민 앞에 석고대죄해야 합니다. 야당 역시 대선의 유불리를 저울질하며 특검 정도에 안주한다면, 국민의 원성과 지탄을 면치 못할 것입니다.

그래도 헌정 중단은 피해야 한다는 목소리가 있습니다. 그러나 박근혜 대통령은 사실상 통치불능 상태에 빠졌습니다. 여야 제 정당 및 정치 지도자들은 작금의 통치권 공백 상황을 조기에 정상화하는 데 최우선으로 머리를 맞대야 합니다. 얄팍한 계산과 공학은 모두 접어두어야 합니다. 하야, 탄핵 등 모든 가능성을 열어놓고, 국가 정상화에 힘을 모을 때입니다.

정의당은 대통령 개입 없는 특검 실시, 청와대 국정조사, 중립 내각 구성 등 실질적인 대통령 통치 권한 이양을 촉구한 바 있습니다. 그러나 박근혜 대통령은 오늘도 부산 방문을 하면서 이런 국민의 뜻을 거역하고 있습니다. 다시 한번 박근혜 대통령의 조기 결단을 촉구합니다.

정의당은 오늘부터 국민과 함께 대통령 하야 촉구 행동에 나서겠습니다. 원내 정당으로 책임 있는 정치적 해법을 제시하면서 또 한편으로는 국민 속에서 국민과 함께 민주 헌정수호의 길을 뚜벅뚜벅 걸어갈 것입니다.

— 심상정 의원 페이스북

2016년 11월 4일, 하야 로드맵

(박근혜 하야 선언-과도 중립내각 구성-조기 대선 3단계 로드맵)

많은 분이 아시다시피 정의당이 가장 먼저 하야를 주장했습니다. 그렇게 해야만 국정 공백을 이른 시간 안에 메울 수 있다는 문제의식이 있었기 때문입니다. 많은 질문이 있었습니다. '#하야를_어떻게_강제할 건가' 또 '#하야_이후의_해법은_뭐냐' 크게 이 두 가지였습니다. 그래서 이 자리를 빌려 이 두 가지를 중심으로 정의당의 입장을 소상히 말씀드리고자 합니다.

#하야_어떻게_강제할 것인가?

(1) 박근혜 대통령의 두 가지 권력 축은 최순실 일가와 검찰 권력입니다. 오늘 박근혜 대통령이 대국민담화를 내면서도 자리보전의 의지를 숨기지 않은 것은 검찰을 여전히 믿고 있기 때문입니다. 최재경 민정수석을 앉힌 것을 보더라도 검찰은 절대 놓지 않겠다는 의지를 엿볼 수 있습니다.

그렇기 때문에 지금 국회가 시급히 처리해야 할 것은 대통령이 임명하는 특검이 아니라 국민이 임명하는 특검 특별법을 빨리 통과시키는 것입니다. 대통령에게서 검찰권을 빼앗아야 합니다. 대통령으로부터 검찰이라는 보호막을 벗겨내야 합니다. 저는 이것이 아주 중요하다고 봅니다.

(2) 대통령이 계속 꼼수로 이 상황을 모면하려고 하는 것은 야당들이 확고하게 국민 편에 서 있지 않기 때문입니다. 제1야당, 제2야당이 국민과 청와대 사이를 오락가락하고 있습니다. 국민은 이를 더 이상 인내하기 어렵습니다. 그래서 더 늦기 전에 정치권이 국민과 결합해야 합니다.

국민의 하야요구는 대통령 하나 바꾸자는 게 아닙니다. 박근혜 대통령은 청산되어야 할 낡은 대한민국의 표상입니다. 박근혜 대통령의 하야는 새로운 대한민국을 향한 출발점입니다. 지금은 대통령 하야가 민심이고, 민심이 제삼지대입니다. 유력정치인들이 아니라 민심과 함께 성장한 제3지대야말로 새로운 대한민국 변화의 구심점입니다. 그래서 하야 요구 세력이 같이 스크럼을 짜야 합니다. 정치권과 정치 지도자들이 국민과 함께 힘을 모아야 합니다.

#하야_이후의_로드맵
저희가 주장하는 로드맵은 (1)박근혜 대통령의 하야 선

언, (2)과도중립 내각 구성 그리고 (3)조기 대선 이렇게 세 단계입니다.

(1) 우선 하야 선언은 대통령의 민심 수용선언을 의미합니다. 이 민심 수용선언에는 세 가지 전제가 포함되어야 합니다. 첫째, 대통령이 진솔한 사과와 함께 공개적으로 하야 의사를 천명해야 합니다. 둘째, 대통령이 향후 검찰 수사에 응하겠다는 약속과 더불어 국회 주도의 과도중립 내각 구성을 조건 없이 수용하겠다는 약속을 해야 합니다. 셋째, 과도내각이 마련할 권력 이양 일정에 전폭적으로 협력할 것을 약속하는 것입니다. 이 세 가지를 포함한 입장을 대통령이 제시해야 진정한 하야 선언입니다.

(2) 하야가 선언되면 여야 4당은 국회의장이 주재하는 논의 테이블을 통해 과도 중립내각의 성격과 임무를 확정하고 그 내각을 이끌 과도 총리를 내정해 대통령에게 임명을 요청하고 대통령은 조건 없이 국회의 요구를 수용해야 합니다. 과도 중립내각의 임무는 권력 이양 일정 관리, 헌정 유린 사태의 진상규명, 헌정 유린 사범에 대한 철저한 단죄, 경제·안보 등 국정 위기 요인 관리를 중심으로 합니다. 국정 기조의 큰 변화

나 여야 이견이 큰 갈등적 현안은 차기 정부로 넘기는 것을 원칙으로 합니다.

(3) 권력 이양에 관한 내용에는 하야 시점도 포함돼 있습니다. 조기 대선은 선거사무의 원활한 진행을 위해서 내년 4월 10일로 예정된 재보선 일에 동시 선거를 치르는 방안이 먼저 검토될 필요가 있습니다. 후보 선출 등 각 정당의 선거 준비와 국민의 검증시간을 충분히 확보하되, 늦어도 내년 상반기 이내에 치르는 것을 원칙으로 합니다. 국회는 권력 이양 일정이 확정된 직후에 조기 대선 준비 특위를 구성해서 선제적으로 법과 제도를 정비하고 조기 대선 실시에 따른 문제점과 혼란을 미연에 방지합니다. 이른바 '질서 있는 하야' 시나리오입니다.

— 심상정 의원 페이스북

1-2   개혁의 창끝과 능선 위 노란빛

구영식   심 의원이 17년 대선에서 6.17%, 201만 표를 얻었다. 진보정당 역사에서 가장 높은 득표율이다. 후원금도 문재인 후보보다 1억 원을 더 모았다. 이유가 뭐라고 생각하나?

심상정　촛불광장에서 보낸 그해 광화문의 겨울은 참으로 뜨거웠다. 광장과 국회를 부지런히 오가던 어느 날 우리 당 총무국장이 문자를 보내왔다. 장항준 영화감독이 입당했다는 것이었다. 그 당시 하루가 다르게 당원의 수가 늘어나던 때였다. 내가 밥 한 끼 같이 하면서 감사와 환영의 말을 건네며 어떻게 가입하게 되었느냐 물었더니, 장 감독은 심상정과 정의당이 탄핵 국면에서 너무 잘하고 있는데, 그에 비해서 정의당 지지율이 오르지 않는 것 같아서 답답한 마음에 가입을 했다고 말해 주었다.

　시민들께서 심상정과 정의당이 '개혁의 창끝'으로서의 역할, 그 효능감을 인정해 주신 결과라고 생각한다. 당시 박근혜 정부의 국정농단이 서서히 수면 위로 올라오고 있었을 때였다. 어떻게 책임을 물어야 할지를 두고 정치권에서는 다들 주저하며 결단하지 못하고 있었다. 나는 망설임이 없었다. 국민의 신임을 저버린 사유가 너무나 헌법적으로 명백했다고 판단했다. 무엇보다 이미 국민들께서 마음의 준비가 되어 계시다고 확신했다. 2016년 10월 27일, 광화문에서 최초로 '박근혜 대통령 하야'를 촉구하는 기자회견을 신호탄으로 박근혜 대통령이 탄핵이 인용될 때까지 5개월간을 광화문 광장에서 개근하며 시민들과 함께했다.

당시 우리의 진지는 세종문화회관 계단이었다. 매주말 오후 7시, 세종문화회관 계단은 어김없이 노란색으로 물들었다. 연단 앞을 오가는 시민들의 수많은 격려가 쏟아졌다. 집회 후 정의당의 행진 대열은 뒤따라 합류하는 시민들로 꼬리에 꼬리를 물고 이어졌다. 그 행렬은 새로운 세상을 재촉하는 희망의 행렬과 같았다. 민주주의의 세찬 물결이 꿈틀거리며 우리 모두가 구태의 절망을 탄핵하고 담대한 희망을 꿈꾸길 바랐다. 정치인으로서 무한한 가능성의 바다에 뛰어든 느낌으로 한껏 고무되어 있었다.

이 시기에 나는 여의도와 광화문을 분주하게 오갔다. 촛불의 민심이 국회의사당을 움직일 수 있도록 민심의 전령을 자임하며 정치적 역할에 최선을 다했다. 당시 신중함을 보이던 추미애·박지원 야당 대표들에게 촛불광장에 나아가 직접 민심을 확인하고 탄핵안 발의를 판단해보자고 제안했다. 촛불시민은 11월 12일

100만, 26일 200만으로 불어나, 연인원 1700만으로 늘어났다. 거침없는 민심의 명령에 결국 국회는 78%의 압도적인 지지로 역사적인 탄핵 소추 의결을 이끌어 냈다. 이런 역사의 변곡점에서 단호한 개혁의지를 보여준 심상정과 정의당에 대해 시민들께서 큰 격려로 화답해 주셨고, 그 격려가 곧 대선의 성과로 이어진 것이라고 생각한다.

무엇보다 17년 대선은 촛불이 만든 선거였다. 시작부터 문재인 후보의 당선은 기정사실화되었다. 아니, 민주당 후보가 다른 사람이었다 해도 결과는 마찬가지였을 것이다. 대통령 중심제-양당체제하에서 극도로 위축되어 온 제3당 후보가 사표 심리로부터 처음으로 자유로웠던 구도였다. 대통령은 정해졌으니, 소신투표 해 보자. 심상정 밀어줘 보자. 이렇게 차악이 아닌 최선의 가치투표를 해 주신 것 같다. 한때 나의 지지율은 13%까지 올라갔었지만 투표일을 앞둔 깜깜이 일주일 동안 반토막이 났다. 당시 일산동구 국회의원이었던 김현미 의원이 선거 후 나에게 한 말이 기억난다. "문재인 당선은 확실하니까 다들 선배 찍는다고 해서 그거 돌려놓느라고 혼났어. 문재인 대통령이 되어도 40%에 미달

이면 국정 장악력이 문제 된다고 설득했지." 그렇게 문재인 후보에 표를 주신 유권자 분들께서도 '지못미 후원금'으로 심상정을 격려해 주셨다. 개표방송이 끝날 때까지 정말 정신없이 후원금이 쇄도했다. 참으로 따뜻하고 넉넉한 국민의 성원을 받았다.

구영식 촛불대선 이후만 해도 '정의당이 더 이상 없어지지는 않겠네'하는 생각이 들었다.

심상정 내가 15년 정의당 당대표가 되어 처음으로 치른 16년 총선의 성적표는 정당지지율 7.23%의 성적표를 받았다. 정의당 창당 이후 2%대에 머물렀던 정의당이 비로소 미래를 갖게 된 순간이었다. 정의당은 통합진보당이 와해된 파편 조각을 얼기설기 엮어 만든 위태로운 유리병 같은 상태였다. 당 밖은 물론이고 안에서조차 누구도 당의 미래에 대해 낙관하지 못했다. 정치를 꿈꾸던 한 대학생 당원은 '정의당의 미래를 확신할 수 없어서 군대부터 가겠다'는 메시지를 남기기도 했다. 정의당 창당 초기만 해도 진보정당이 개척하며 걸어온 16년의 길이 여기서 멈출지 모르겠다는 강한 위기의식이 들었던 때다.

국민들께서 붙여주신 내 별명이 '심 대표'지만, 내

가 정치 인생 중 당원들의 선택을 통해 권한을 부여받은 대표가 된 것은 2015년이 처음이었다. 그동안에는 공동대표의 한 사람으로서 권영길-노회찬 리더십을 열심히 뒷받침하는 데 전념해 왔다. 그런데 통진당의 처참한 실패 이후 도저히 포기할 수 없는 우리의 꿈을 위해서 서둘러 정의당을 만들었지만, 상황이 너무나 절박했다. 강한 정의당을 만들어 반드시 당의 미래를 열어내겠다는 일념 하나로 노회찬 대표님과 경선에 나서게 됐다. 당시는 노회찬, 유시민, 진중권이 함께 진행한 팟캐스트 '노유진'이 인기 절정이었고, 노유진을 통해 들어온 당원이 8천 명 가까이 되었다. 다들 노회찬이 승리할 것으로 전망했다. 그렇지만 나는 오직 당을 살리겠다는 일념 하나로 당원들 한명 한명과 통화를 했고, 그런 나의 진정 어린 호소가 인정받았다.

그렇게 당대표가 되어 치른 첫 총선 성적표였다. 잘하면 우리 정의당을 살릴 수 있겠다는 자신감이 생겼다. 그해 가을부터 타오른 촛불은 국민들께 정의당의 존재이유를 또렷이 새기는 계기가 되었다. 나와 정의당은 민심의 바다를 마음껏 헤엄쳤고, 꺼지지 않고 타오른 촛불시민들의 뜨거운 변화의 열망을 가슴 가득 채웠다. 심상정 대표가 국민께 선보인 강한 정의당의 모습이 박근혜 탄핵 국면에서 각인되었다. 비로소 정의당이 중앙 정치의 능선 위에서 노란색 불빛을 선명하게 뿜어 내면서 미래를 향해 달려가게 된 것이다.

1-3   능동적 개혁공조, 노회찬·심상정의 공동 기획

구영식 심 의원과 정의당이 촛불혁명을 통해 자신감을 되찾고, 나아가 촛불정부 시기에 어떤 변화의 가능성을 발견한 것인가?

심상정 국민들은 문재인 정부를 촛불정부라고 불렀다. 단순한 일회성 정권교체로 끝나선 안 되고 정치교체, 시대교체를 꿈꿨다. 시민들은 촛불정부가 실패할 자유조차 허락하지 않을 생각이었다. 60년 기득권 정치를 역사의 뒤안길로 보내 버리고, 과감한 개혁을 통해 촛불을 들며 꿈꿨던 새로운 사회를 힘차게 열어젖히길 바랐다. 청년들은 있는 그대로 자신이 존중받고, 잠재력을 마음껏 펼칠 수 있는 희망의 공동체 대한민국을 염원했다.

대한민국은 누가 뭐래도 세계 10위권의 경제대국

이었다. 그러나 삶의 질을 나타내는 OECD 사회지표들은 최악이었다. 자살율 1위, 노인 빈곤율 1위, 성별 임금 격차 1위, 최고수준의 중대재해와 장시간 노동, 무엇보다 전 세계 최고속도의 출생률 급감까지… 시민들의 삶의 질은 결코 선진국이라고 볼 수 없다. 국민들은 보다 평등하고 복지가 좋은 '시민의 삶이 선진국인 나라'를 꿈꾸었다.

촛불시민의 열망을 개혁의 동력으로 결집하는 정치가 관건이었다. 사실 박근혜 대통령 탄핵은 어느 한 진영의 의지와 힘만으로는 불가능한 일이었다. 박근혜 대통령 탄핵소추안은 투표자 299명 중 234표로 가결되었다. 국회의원의 약 78%가 동의했던 것이다. 진보와 민주, 중도와 개혁보수까지 하나가 되었고, 정의당과 민주당과 국민의당, 새누리당의 일부까지 다양한 정치세력이 참여하고 합세해서 이뤄낸 것이었다.

당시에도 그 누구도 예상하지 못한 일이었다. 촛불의 열망은 특정 진영이나 정치세력의 전유물이 아닌 국민의 열망이었다. 그렇기 때문에 촛불은 곧 시대정신이었다. 문재인 대통령의 지지율이 1년 가까이 70~80%가량 유지됐던 것은 문재인 대통령과 민주당에 대한 지지

라기보다, 촛불정부가 국정농단의 폐허 위에서 정당과
이념을 넘어 중단 없는 개혁을 완수하라는 국민적 바람
이 반영된 것이다.

　무엇보다 국민들께서는 탄핵 과정에서 이전에는
보지 못한 새로운 정치를 경험을 하셨다. 진보에서 보
수까지 아우른 연합정치가 이루어졌기 때문에, 콘크리
트 같았던 박정희 신화로 쌓은 수구세력의 철옹성이 탄
핵될 수 있었다는 것을 실감하셨다. 마찬가지로 우리
사회를 과거로 묶어둔 양당의 대결 정치를 넘어서 촛불
연합정치를 통해 과감히 미래로 나가야 한다는 점을 분
명하게 하셨다. 이것이 바로 문재인 대통령 80% 지지
로 표현된 국민의 확고한 주문이었다.

구영식　심의원은 촛불혁명이 정치적 다당제에 대한 국민 열망
을 담고 있었다고 보는 것인가?

심상정　문재인 대통령은 41%로 당선됐다. 그러나 국민들은 상
당 기간 대통령에게 80%에 지지를 몰아줬다. 그 80%는
박근혜 탄핵을 이룬 민심의 크기였고, 곧 개혁의 에너
지였다. 그래서 국민들께서는 문재인 대통령이 40%로
축소되지 않기를 바랐다. 당시에는 1여 다야 구도로 여
소야대였기 때문에, 민주당의 대통령으로 가둬져서는

더더욱 안된다고 생각했다. 시민들은 촛불정부가 후퇴 없고 중단없는 개혁을 추진하길 바랐기 때문이다.

문재인 정부 취임 후 당시 전병헌 청와대 정무수석으로부터 밥 한 끼 하자고 연락이 왔다. 그 자리는 전병헌 수석은 "일정 기간은 민주당 단독 책임정부로 가기로 했다"고 통보를 하기 위한 자리였다. 물론 나와 정의당이 정부구성과 관련해 어떤 제안을 한 바는 없었다. 하지만 촛불연정을 바라는 시민들의 기대를 잘 알고 있기에 한마디 하지 않을 수 없었다. "대통령 지지율이 높을 때 연립정부도 가능하지, 대통령 지지율 빠지면 다 야당 노릇 하려고 하지 누가 함께 하려 하겠느냐"고.

나를 만난 직후, 전병헌 수석은 "대통령제에서 연정은 맞지 않다"며 연정 불가 입장을 공식 발표했다. 대통령에 대한 80% 가까운 지지가 대통령 개인에 대한 지지라고 단정했다면, 그것은 크나큰 패착이었을 것이다. 문재인 정부는 바로 여기서부터 촛불민심과 크게 어긋나기 시작했다.

이 대목에서 한 가지 오해는 짚고 넘어가야겠다. 문재인 정부가 들어서고 나서 내가 기자들과 시민들에게 가장 많이 들은 질문이 있다. 노회찬·심상정은 왜 문재인 정부의 장관직 제안을 거절했냐는 것이었다. 이런 질문은 문재인 정부 말기까지 계속됐고, 지금까지도 오해하는 사람이 많다. 당시에 많은 분들이 정의당이 민주당이랑 공동정부를 구성했으면 좋겠다는 바람이 있었고, 청와대 국민청원에도 노회찬 환경부 장관, 심상정 노동부 장관 같은 청원이 자연스럽게 오르내리던 때였다. 그러나 정의당도 나도 문재인 정부, 여당으로부터 정부 구성과 관련한 협의나 참여 제안을 받아본 적은 한 번도 없다. 당시 노회찬 대표도 마찬가지였다. 노대표님의 비서실장도 전혀 들어본 바 없다고 말했다.

구영식 그런데 제안이라는 게 공식 제안도 있고, 비공식 제안도 있지 않겠나?

심상정 비공식 제안도 접해본 바 없었다. 이런 일화도 있었다. 2017년 여름, 국회 본회의 마치고 의원들이 무리를 지어 내려오는데 당시 김현미 국토부 장관이 의원이 나한테 "선배, 노동부 장관 제안 오면 좀 받으세요"라며 말했다. 내가 "무슨 소리?"라고 반문하자 그는 "뭐 다들 주변에서도 그렇고 여론도 다 그런대요"라고 답했다. 내가 피식 웃으며 말해주었다. "좀 전에 본회의장에서 김영주 의원이 내 자리에 와서 자기가 노동부 장관으로 내정됐는데 잘 부탁드린다 그러던데? 김장관 실세장관인 줄 알았더니 아닌가 보네."

그러니까 그런 식으로 뜬소문들만 많이 돌아다닌 거다. 그런데 여권에서 이런저런 제안을 했음에도 마치 나와 정의당이 매몰차게 차 버린 것처럼 되어 있다. 몇몇 기자들은 정부 여당 쪽에서 직접 들었다면서까지 말하며 나에게 확인하려 했다. 그때마다 "우리 기자님의 빨대 좀 교체하셔야 할 것 같아요? 하하하" 하면서 넘겼지만, '왜 매사가 이런 식이지?' 싶어서 씁쓸함이 남았다.

구영식 그런 것과 별개로 어찌 됐건 정의당은 문재인 정부에 협력적인 자세를 취하지 않았나?

심상정 대선은 끝났고 정의당이 갈 길은 명확했다. 나는 대선에서 정의당의 존재이유와 비전으로 최선을 다해서 경쟁했고, 시민들은 긍정적인 평가를 해 주셨다. 대한민국 역사상 처음으로 '노동이 당당한 나라', '내 삶을 바꾸는 대한민국'이 적힌 현수막이 전국 거리 곳곳에 펄럭이는 걸 보고 감개무량했다는 시민들의 말씀도 많이 들었다.

이제 촛불의 명령대로 거침없는 개혁의 선봉에 서

는 것이 정의당이 해야 할 일이라는 것은 추호의 의심도 없었다. 문제는 문재인 정부가 단독 책임정부를 선언한 이래 촛불연대나 개혁공조에 대해 별다른 방안을 제시한 바가 없다는 것이다. 그렇다고 개혁의 지상과제 앞에 민주당만 쳐다보고 멈춰 있을 수는 없었다. 정의당이 '개혁의 견인차'로서 능동적인 개혁공조를 제안하고 주도해 나가야 한다고 판단했다.

구영식 개혁공조와 관련해 노회찬 대표의 생각은 어땠나?

심상정 2017년 가을 어느 날이었던 것으로 기억한다. 노회찬 대표님과 오랜만에 새벽까지 의원실에서 커피 한잔을 놓고 긴 대화를 나누었다. 촛불개혁의 열망을 받아안기 위해 우리가 무엇을 할 것인가, 또 우리 정의당의 미래에 대한 존재론적 고민이 담긴 밤이었다. 노 대표님은 국민 앞에서는 하회탈 같은 얼굴로 좌중을 압도하는 달변이셨지만 사석에서는 말을 아끼는 분이셨는데, 이날 따라 침묵의 공기가 더 무거웠다.

　"가만히 생각해 보니 우리도 만만치 않은 철새다. 민주노동당·진보신당·통합진보당·진보정의당… 당을 참 많이도 했다." 노 대표님께서 쓴웃음을 지으며 말을 꺼냈다. "진보 철새가 맞네요." 내가 말을 받았다.

10년이면 강산도 변한다는 말은 옛말이 된 지 오래인데, 그때는 우리가 민주노동당을 창당한 지 17년이나 되었다. 반세기만에 탄생한 진보정당은 출발이 좋았다. 민주노동당 창당 4년 만에 치른 17대 총선에서 13%지지, 10석을 확보해 일약 원내정당이 되었고 나도 그때 비례대표 1번으로 국회의원이 되었다. 머지않아 교섭단체를 바라볼 수 있을 것 같았다. 그러나 2007년 대선 경선을 마치고 이른바 '종북 논란'으로 자주파와 평등파가 분열하면서 전망이 불투명해졌다. 모든 것이 그렇듯이 기대와 성원이 집중될 때, 결과를 보여 드릴 수 있어야 지지도 지속될 수 있는 것이다.

　　노회찬·심상정 1세대의 진보는 '기대의 역설'에 봉착한 상황이었다. 민주노동당에 이어, 통합진보당도 실패했다. 그 잔해 위에서 가까스로 시작한 게 정의당이었다. 정의당에 대한 투자는 더 나은 미래를 위한 가치 투자다. 그렇지만 무한정 미래만 보고 계속 밀어줄 수는 없다. 정치학자 아담 쉐보르스키가 "유력정당이 정당이다. 군소정당은 시민단체에 불과하다"고 말했듯이, 이젠 '진보정당이 유력정당으로서 발돋움할 수 있는가?'에 대해 답해야 했다. 이 질문에 응답할 수 없다면, 진보정당의 미래는 암울할 수밖에 없다는 것이 우리의 공통된 인식이었다.

약 20년에 가까운 세월 동안 아무리 열심히 해도, 아무리 성과를 내도, 200만 표를 얻어도, 5석 언저리에 갇히는 이 천형(天刑) 같은 트랙에서 벗어날 방도를 마련해야 했다. 매출은 나와도 끊임없이 적자가 나는 이 구조를 바꿔야 했다. 청년들은 전망이 없는 곳에 오지 않는다. 젊음을 바쳐 진보정당의 미래를 위해 몸 바쳐 일했던 후배들에게도 생계와 진로의 문제가 달려 있었다. 우리 당에서 함께 미래를 열어 가고자 했던 전도유망한 청년들이 우리를 떠나도 잡을 수 없는 안타까운 상황이 반복되었다. 더구나 노회찬·심상정의 시대가 영원할 수도 없었다. 진보정당의 지속가능성을 위해서는 무슨 수라도 결단해야 했다.

결국 양당 과두 체제를 뒷받침해 온 승자독식 정치제도를 손보지 않고 다른 방법은 없었다. 50%에 육박한 사표를 줄이는 선거제도, 빈익빈 부익부 정치자금법, 세계에서 가장 장벽이 높은 교섭단체 제도 등을 개선해야 했고, 그 가운데서도 선거법 개정이 시급했다. 정당의 지지율과 의석 수가 일치하는 선거제도라면 정의당은 원내교섭단체로 발돋움할 수 있을 것이다. 20년 동안 거대양당의 협곡에서 유일하게 버텨온 정의당이 교섭단체가 된다는 것은 우리 정치가 다당제 연합정치 시대로 넘어가는 정치사적인 의미가 있는 것이다. 5천만 국민을 나누어서 대변하고 국민의 지지만큼 정책과 권력을 분점하는 다당제 민주주의, 그것이 촛불시민이 열망한 정치개혁이다. 우리가 젖 먹던 힘을 다해서 죽기 살기로 한번 밀어 보자. 그게 진보정치 1세대로서 노회찬·심상정이 반드시 해내야 할 사명이었다.

정치개혁과 검찰개혁, 양대 개혁과제를 중심으로 개혁공조를 추진하자. 노회찬·심상정의 공동기획이 바로 능동적 개혁공조였다. 우선 정의당과 민주평화당, 바른미래당의 야3당이 먼저 개혁공조 방안에 대해 합의를 만들어 내고, 그걸 바탕으로 더불어민주당에 제안하기로 했다. 역시 정동영 민평당 대표·손학규 바른미래당 대표는 정치 9단이었다. 두 대표께서는 다당제 연정에 대한 확고한 신념을 가지고 있었으며 나의 삼고초려에 흔쾌히 두 손을 맞잡아 주었다.

또 정의당은 민주평화당과 공동교섭단체, '평화와 정의의 의원모임'을 만들었다. 진보정당 최초의 교섭단체였기에 당내 논란도 많았지만, 정의당 전국위원회는 개혁공조 성공을 위해 그 필요성을 승인해 주었다. 노 대표님은 초대 원내대표가 되었고, 나는 정치개혁특별위원장이 되었다. 모든 것이 최초였다. 노 대표님은 국회 특수활동비 폐지에 앞장섰고, 나는 OECD 국가 중 유일하게 만 19세였던 선거연령을 만 18세로 하향 조정하는 성과를 거두었다. 우리는 개혁을 위해 전속력으로 달렸다.

그러던 중 노회찬 대표님이 홀로 먼 길을 떠났다. 청천벽력과도 같은 일이었다. 노회찬 대표님의 부재는 많은 것을 바꿔 놓았다. 교섭단체 '평화와 정의의 의원 모임'은 20석에 한 명이 부족해 해산되었고, 나는 노 대표님 1주기에 정개특위 위원장에서 해고되었다. 혼자서 혼신의 힘으로 버텼지만 우리의 프로젝트는 결국 위성정당으로 좌초되고 말았다. 노회찬 대표님 뵐 면목이 없었다. 아니 원망스러웠다.

구영식 이때의 개혁공조가 민주당의 공수처법과 정의당의 선거법을 딜한 것으로 알려져 있다. 사실인가?

심상정 기존 정치 문법에 익숙한 언론들이 기정사실화해서 지금까지도 그렇게 알고 있는 분들이 많다. 공수처법과 선거법을 양대 개혁과제로 처음 제시한 것은 전적으로 우리 정의당의 결의에 의한 것이다. 공수처 법안은 오랫동안 법제사법위원회 위원이었던 노회찬 대표님이 최초 발의자이다.

정의당이 검찰개혁을 주요 개혁과제로 삼았던 이유는 사법 불평등 때문이다. '무전유죄, 유전무죄'라는 말은 법이 힘 있는 사람 편에서만 작동하는 현실을 상징하는 말이었다. '법 앞에 만인이 평등한 것이 아니라 만 명만 평등한 현실'을 깨기 위해, 그 기득권의 수호의 첨병이었던 검찰을 반드시 개혁해야겠다는 게 노 대표님의 생각이었고 우리 정의당의 생각이었다.

정의당 주도의 야3당 개혁공조 제안에 민주당은 매우 소극적이었다. 당시 이해찬 대표의 첫 반응이 "연동형은 우리 당론 아니다"라며 선을 그었다. 그래서 손학규 대표와 이정미 대표가 로텐더홀에서 단식농성에 들어갔고 열흘 단식 후에야 이해찬 대표의 입에서 "50% 연동제 범위 안에서 논의해 보자"고 했다. 그 후 선거법 개정 의지를 갖고 준연동형 비례대표제를 패스트트랙에 올렸던 홍영표 정개특위 위원장도 "20대 국회에서 공수처법이든 선거법이든 처리를 안 할 가능성이 크다"고 민주당 지도부의 기류를 전했고, 당시 민정수석이었던 조국도 검찰개혁 추진 일정에 대해 묻는 나의 질문에 대해 우리 정부는 공수처법 처리는 급하지 않다. 20대 국회에선 적폐청산에 주력하고 그걸 바탕으로 총선 승리하고 나서 21대 국회에서 추진할 계획이라는 취지의 답장을 보내왔다.

무릇 어려운 개혁일수록 힘이 있는 집권 초반에 추진해야 성공가능성이 높다. 그런 점에서 가장 어려운 정치개혁과 검찰개혁을 20대 국회 안에서 마무리하고, 그 바탕 위에서 21대 국회에는 시민들의 더 나은 삶을 위해 과감한 민생개혁을 추진해 나가야 한다는 것이 우리 정의당의 생각이었다. 촛불개혁에 대한 민주당의 인식과 전략이 우리와는 사뭇 달랐다. 이것이 끝내 촛불개혁의 트랙에서 민주당이 이탈하게 된 근본적인 배경이었다고 생각한다.

구영식 그렇다면 공수처법과 선거법은 어떻게 통과되게 된 것인가?

심상정 그러다가 공수처법을 20대 국회 회기 안에 처리하지 않으면 안 될 상황이 도래했다. 그것이 바로 '조국 사태'였다. 민주당은 조국 장관의 퇴로를 마련하기 위한 명분으로 공수처법을 조기에 처리하기로 방침을 바꾼 것이다. 원래 더불어민주당과 야3당 간의 합의된 것은 '선 선거법, 후 공수처법' 처리였다. 그러나 민주당은 합의를 무시한 채, 선 공수처법 처리를 들고나왔다. 두 가지 법이 동시에 처리된다면 선후가 뭐 그리 중요했겠는가? 그러나 민주당이 공수처법 처리를 먼저 하겠다고 한 것은 곧 20대 국회에서 선거법 처리는 하지 않겠다는 의중을 드러낸 것이어서, 야3당은 강하게 반발할 수밖에 없었다.

그때부터 민주당은 민평당과 바른미래당의 호남 의원들을 개별적으로 설득하는 작업에 들어갔다. '선거법은 정의당만 좋은 일 해 주는 것이다. 호남 정치인들은 민주당과 정치를 해야 하는 것 아니겠냐'라는 식으로 공수처법 선처리를 밀고 나갔다. 그럼에도 불구하고 바른미래당의 김성식, 채이배 의원 등이 여야 4당 개혁공조 합의는 지켜져야 한다는 원칙을 고수해 주었다. 이로 인해 공수처법을 먼저 처리하려면 과반에서 2석이 모자라는 상황이 되었다. 그래서 어쩔 수 없이 기존 합의대로 선거법-공수처법 순서로 마무리가 된 것이다. 이렇듯 민주당은 처음부터 개혁공조에 소극적이었고 합의에 대한 존중은 부족했다. 초유의 위성정당 사태로 개혁공조가 끝내 파국을 맞는 예고편이었다. 무엇보다 양당제의 기득권을 일부라도 내려놓게 될 선거법 개정은 애당초 할 생각이 없었던 것이다.

구영식 당시 황교안 체제의 자유한국당이 격렬하게 저항하지 않았나? 국회선진화법 위반으로 고발된 사람도 많았던 것으로 기억한다.

심상정 촛불시민들은 국정농단의 주범이었던 수구세력을 박물관 문 앞에까지 밀어다 놓아 둔 상황이었다. 당시 자유한국당은 한 자릿수까지 지지율이 폭락하며 겨우 숨만 쉬는 상황이었다. 촛불시민들은 우리 사회를 과거에 가둬 둔 수구세력을 퇴출시킬 절호의 기회로 생각했다. 문재인 정부가 촛불연대를 통해 이제 과거세력은 과거로 완전히 보내 버리고 거침없이 미래로 나아가길 바랐지만, 문재인 정부는 촛불시민들의 시대교체의 열망을 외면하고 스스로를 민주당의 권력으로 가두었다. 안타까운 일이었다.

잘 아시겠지만 이때 자유한국당은 극단적으로 저항했다. 이유는 자명했다. 탄핵 이후 한 자릿수 지지율까지 내려간 상황에서 생존을 위해 필사적으로 몸부림

하지 않을 수 없었다. 더구나 무능하고 부패한 정치세력이 오늘날까지 권력 유지를 해 오는 데 필수적이었던 양대 기득권을 빼앗길 수는 없었다. 그동안 수구세력의 호위무사였던 '정치검찰'과 자신들의 실력보다 초과의석을 만들어 준 '선거기득권'을 놓치지 않겠다는 것이었다. 자유한국당이 개혁을 저지하기 위해 자행했던 국회 폭력과 무도함은 눈을 뜨고 볼 수 없었다. 국회의장실, 정개특위 회의장 점거농성뿐 아니라 공수처법 패스트트랙을 저지하기 위해 채이배 의원을 의원실에 감금하기 위한 점거농성도 벌였고, 망치와 빠루까지 등장했으며 민의의 전당 국회를 무법천지로 만들었다. 이렇게 일상적인 국회의 기능을 봉쇄한 다음에 극단적 장외투쟁으로 치달았다.

황교안 대표는 청와대 앞에서 삭발단식 투쟁까지 나섰다. 나는 과거 군사독재 시절 삭발단식은 빨갱이들이나 하는 짓이라고 모욕했던 공안검사 황교안을 떠올렸다. 삭발 단식은 몸뚱아리밖에 없는 우리 사회 수많은 약자들이 자신의 삶을 지키고 신념을 표현하는 최후의 투쟁 방법이었다. 그런데 막강한 권력을 가진 제1야당이 국민이 부여한 수많은 정치적 수단을 외면하고,

삭발 투쟁을 하며 약자 코스프레를 하고 있는 모습이야
말로 참으로 가소로운 것이었다. 당시 대한민국의 비정
상의 정치를 웅변하는 모습이었다.

　　황교안 대표가 극단적 대여투쟁을 통해 실추된 리
더십을 모면하고자 했지만, 오히려 자유한국당이야말
로 기득권 정치, 부패와 특권의 정치, 일 안 하는 싸움판
정치, 국정농단 정치, 대한민국이 미래로 나아가기 위
해 반드시 극복해야 할 정치적 세력이라는 점을 국민들
께서 분명하게 인식하게 된 계기가 되었다.

구영식　그 당시 황교안 체제의 자유한국당과 심상정 대표가 정
면으로 충돌하는 모습이 자주 보였다. 정의당이 '민주
당 2중대'라는 프레임이 이때 나온 것인가?

심상정　자유한국당이 정의당에게 민주당 2중대라며 집중 공
세를 퍼부었다. 이들이 민주당에 대한 공세 그 이상으
로 심상정과 정의당에 대한 공세를 퍼부었던 배경이 있
었다. 우리는 촛불개혁을 위해 개혁공조를 추진했지만,
그 과정에서 여소야대였던 정치구도가 여대야소로 재
편되는 효과가 있었다. 개혁연대를 무너뜨리려면 사실
상 게임체인저 역할을 하고 있는 심상정과 정의당을 집
중적으로 때릴 필요가 있었던 것이다.

또 한편 야3당의 제안으로 추진되던 능동적 개혁 공조는 촛불연정에 대한 시민들의 기대를 일정 부분 충족해 주는 효과가 있었다. 민주당의 단독 책임정부론에 대한 국민들의 실망과 우려를 상쇄하는 효과가 컸다. 국민들께서는 여야 4당 개혁공조의 정치적 효능감을 체감하고 계시던 때였다.

2중대라는 말은 20년 넘게 제3당에서 정치를 하면서 늘 시달려 온 말이다. 민주당과 공조를 하면 민주당 2중대이고, 민주당에 반대를 하면 국민의힘 2중대라는 식이다. 2중대 프레임은 기성 양당이 자신들의 특권을 영구화하고 제3의 경쟁자를 배제하기 위해 만들어 낸 책략의 산물이다. 그런 식으로 이야기하면 양당 간의 수많은 협상과 담합은 몇 중대인지 묻고 싶다. 20년간을 버텨 온 진보정당을 2중대로 공격하는 것이야말로 후안무치한 일이다. 누가 뭐래도 정의당은 정의당의 길을 걸어왔다. 과정에서 부족함도 많았고 오류도 있었지만 적대적 공존, 내로남불로 생명을 연장해 온 정치세력에 비하면 정의당이야말로 대한민국 개혁의 선봉대라는 자부심을 가져도 된다고 생각한다.

정당 간의 정책공조는 정치의 본질적인 기능이다.

서로 다른 지지기반과 국가비전을 가지고 있는 정당들이 시민들의 이해와 요구를 타협하고 조정하는 것이 바로 정치다. 오바마 대통령에게 큰 영감을 주었던 미국의 사회운동가 사울 알린스키의 말처럼 '타협은 보통의 승리'라고 생각한다.

그런데 우리나라 양당제는 이념적 차이는 협소한데 갈등만 심해 국민들의 정치 환멸을 부추기는 후진적 정치다. 비정상인 곳에서 정상을 말하면 오히려 핍박을 받는다. 그게 2중대론의 본질이다. 양당은 20년의 독립 노선을 지키며 정상적 정치를 꿈꿔 온 정의당에게 돌을 던질 자격이 없다고 생각한다. 자유한국당의 폭력 사태를 또 유야무야 넘기면 그것이 바로 헌정 유린, 국정농단의 씨앗이 되는 것이다.

2019년 4월 28일, 심상정 국회 정개특위 위원장 긴급간담회
지금 닷새째 대한민국 국회가 자유한국당의 불법적이고 폭력적인 그런 행위로 유린당하고 있습니다. 이 국회의 난장판 모습을 여과 없이 지켜보셨을 국민을 생각하면 정말 몸 둘 바를 모르겠어요.

너무나 죄송하죠. 그래서 정말 주말만이라도 난장판 모습을 보여드리지 말아야겠다, 그런 생각에서 재차 소집 요구도 있었지만 제가 소집하지 않은 것입니다. 주말만이라도 좀 고통스러운 장면은 안 보셔야 하지 않겠어요? 그래서 소집을 안 한 것이고요.

(…)

며칠 동안 아마 여러분들도 큰 충격을 받으셨을 텐데 자유한국당의 모습을 보면서 자유당 정권 시절의 '백주의 테러'는 테러가 아니다, 그 유명한 말을 떠올리지 않을 수 없었어요. 백주 대낮의 불법은 불법이 아니다, 이런 심산으로, 그런 자세로 지금 이렇게 국회를 무단으로 점령하고 있는데 아마 조금 시간이 지나서 정치적으로 해결하면 되지, 이렇게 생각하는지 모르겠습니다.

그러나 제가 분명히 말씀드리고 싶은 것은 지금은 자유당 정권 시절이 아닙니다. 이런 불법 폭력 사태를 또 유야무야 넘기면 그것이 바로 헌정 유린, 국정농단의 씨앗이 되는 것입니다.

2

조국 사태, 진퇴양난의 딜레마

2-1 개혁과 반개혁, 특권과 반특권

구영식   촛불정부가 거센 시험대에 서게 된 계기는 조국 사태일 것이다. 심 의원은 국민을 극한적으로 분열시켰던 조국 사태가 뭐라고 보나? 어떻게 평가하나?

심상정   한마디로 진퇴양난의 딜레마였다. 조국 사태는 두 차원의 문제가 정면충돌한 첨예한 사건이었다. 한편에선 검찰개혁과 반개혁, 다른 한편에선 조국 가족 문제를 둘러싼 특권과 반특권이 크게 대립했다. 검찰개혁을 위해서는 조국을 지켜야 했고, 특권 타파를 위해서는 조국을 버려야 했다. 조국 사태는 국민을 광화문과 서초동으로 양분시켰을 뿐만 아니라, 진보 진영 내부에 큰 균열을 일으켰다.

나는 당시 당 대표로서 장고에 장고를 거듭했지만, 당내의 압도적인 의견을 존중하고 검찰개혁 우선의 원칙 속에서 조국 장관을 인준했다. 그 후과는 혹독했다. 정의당의 '정의'에 대해서 가차 없는 비판이 빗발쳤고, 특히 청년층의 거센 분노와 실망에 직면했으며, 많은 지지자와 시민들이 떠나갔다. 내 정치 인생을 두고 뼈아픈 오판이었다.

조국 사태는 두 가지 차원에서 치명적인 결과로 이어졌다. 첫째, 검찰개혁의 명분과 동력이 급격히 실추되었고, 끝내 검사 윤석열을 정권의 대항마로 부상시켰다. 둘째, 강남좌파의 아이콘인 조국이 개인적인 삶에서는 특권층과 다를 바 없다는 점이 진보 진영 전체의 도덕적 실추로 이어진 것이었다.

2019년 9월 10일, 심상정 의원 페이스북

어제 대통령께서 조국 법무부 장관을 임명했습니다. 여러 정치적 논란에도 불구하고 대통령이 조국 법무부 장관을 임명한 것은 임기 중에 반드시 사법개혁을 완수하겠다는 의지로 받아들입니다.

정의당이 많은 부담을 감수하면서 조국 장관 임명을 존중한 핵심 이유는, 지난 20년간 좌절과 실패로 점철된 사법개혁에 종지부를 찍기 위해서입니다. (중략)

이제 정치검찰 시대를 끝내야 합니다. 공수처 신설과 검경 수사권 조정은 최소한의 개혁입니다. 반드시 완수해야 합니다. 국민은 검찰의 독립성은 존중하지만, 검찰개혁에 대한 어떠한 저항도 용납하지 않을 것입니다. 법무부 장관 관련 수사는 수사대로 해야 합니다. 하지만 그것이 공수처 신설과 검경 수사권 분리라는 국민의 개혁 요구를 가로막는 명분이 되어서는 안 됩니다.

이제 조국 장관과 정부·여당은 흔들림 없는 검찰개혁과 사법개혁의 완수로 응답해야 합니다. 정의당도 검찰개혁과 사법개혁을 위해 모든 노력과 수고를 마다하지 않겠습니다.

구영식 조국과는 평소 어떤 관계였나?

심상정 조국은 국민의 사랑을 많이 받았던 진보 진영의 대표지
식인 아니었나. 당연히 오랫동안 협력한 관계다. 특히
우리 노회찬 대표님 후원회장을 맡아, 법사위에서 활동
했던 노 대표님과 정책적으로 더욱 긴밀했다.

구영식 조국 장관이 검찰개혁의 적임자라고 보았나?

심상정 내가 당 대표였던 시절 청와대 민정수석실에서 찾아온
적이 있다. 문재인 대통령께서 '법무부 장관 조국과 검
찰총장 윤석열' 인사를 검토하고 있는데 의견이 어떠냐
고 물었다. 나는 조심스럽게 우려를 표했다. "핵심 권력
기관을 손보는 일인데, 너무 화려한 분들 아니에요? 안
그래도 검찰개혁은 일거수일투족 소리가 크게 날 수밖
에 없는데, 오히려 소음을 최소화하면서 있는 개혁을
조용히 끌어갈 수 있는 존경받는 내부 인사는 없냐?"
그러나 이 조합을 두고 '드림팀'이라는 말이 나오는 것
을 보니 청와대의 강한 의지가 실린 것 같았다.

구영식 결과적으로 심 의원의 우려대로 조국과 윤석열 사이
의 갈등이 발생했다. 문재인 대통령은 "저는 조국 법무
부 장관과 윤석열 검찰총장의 환상적인 조합에 의한 검
찰개혁을 희망했습니다. 꿈같은 희망이 되고 말았습니

다"(2019년 10월 14일)라고 고백했다. 결국 '조국 법무부 장관-윤석열 검찰총장'이라는 '환상적인 조합'의 인사가 조국 사태의 출발점이 되고 말았다. 만약 조국을 법무부 장관으로 임명하지 않았다면, 조국 사태는 안 일어났을까?

심상정 조국 사태의 본질은 조국 일가 개인의 문제라는 손가락이 검찰개혁이라는 달을 덮어버린 데 있다. 검찰의 완강한 저항은 어떤 형태로든 드러났겠지만, 적어도 '조국 사태'는 피할 수 있었으리라 생각한다. 그러나 조국과 윤석열의 조합은 불과 불의 만남이었고, 너무 뜨겁고 위험했다. 검찰개혁에서 가장 중요한 것은 개혁 책임자 간의 케미스트리가 중요하다. 그러나 조국과 윤석열은 처음부터 크게 어긋났음에도 무리하게 임명이 강행됐다.

구영식 사실 당시 조국은 법무부 장관에 가고 싶지 않았던 것으로 안다. 하지만 검찰개혁을 위해 문재인 대통령의 삼고초려가 있었던 것 같다. 그때까지만 해도 조국 본인은 청와대 민정수석실에 있다가 서울대로 복귀하고 싶어 한다고 들었다. 당시 조국은 임명직이든 선출직이든 청와대 민정수석 외에 다른 공직은 하지 않으려고 했던 것 같다. 물론 아까 얘기한 것처럼 일부에서는 '부산 출마'를 권했다.

심상정　조국 사태 당시 나는 조국에게 "장관은 사임하는 것이 좋겠다. 검찰개혁에 의지가 있다면 부산에서 출마해서 국회로 들어오라"라고 조언했다. 또한 임명 과정도 무리했지만, 인사 정리 과정에서 보인 문재인 대통령의 우유부단함이 사태를 키웠다. 후임 추미애 장관과 윤석열 총장 간의 갈등이 점입가경으로 치달았을 때도 윤석열과 추미애를 동시에 정리하라는 말은 민주당 내부에서 먼저 나왔다. 당시 청와대의 방조와 책임회피에 대해 많은 사람이 답답해했다. 결국 그것이 정권교체의 씨앗을 만들어낸 것 아닌가. 그래서 사람들이 윤석열을 문재인 대통령이 만들어낸 후보라고 말을 한 것 아닌가.

구영식　매우 동의한다. 인사 실패와 갈등을 제때 갈무리하지 않은 문재인 대통령의 책임, 그 지점에 대해서는 저와 굉장히 싱크로율이 높다.

심상정　부연하자면 조국 사태 당시 조국 스스로가 용단을 내렸어야 하지 않나 하는 아쉬움이 있다. 그래서 검찰개혁을 둘러싼 갈등의 압력도 줄이고, 진보 진영이 도매금으로 매도되는 상황도 줄이는 책임을 보여줬어야 했다.

구영식 심 의원은 검찰개혁 시즌1은 실패했다고 보는 것 같다.

심상정 이렇게 유명무실한 공수처를 위해서 그렇게 많은 대가를 치렀나 하는 회의감이 든다.

구영식 공수처를 설계할 때 수사 검사 규모가 많이 축소됐고, 공수처장 인사도 문제가 좀 있다는 지적이 있었다.

심상정 조국 장관의 퇴로를 위해서 공수처법 처리를 서둘렀기 때문이다. 공수처의 부실함은 예고된 것이나 다름없었다. 또한 대선 직후 다시 검수완박 급발진으로 가버렸다. 검수완박은 또 공수완박을 의미하는 것이기도 했다. 정책적 혼선이기도 했고, 동시에 국민에게도 대선 불복 화풀이로 비친 측면도 컸다. 애초에 잘 준비되지 않은 상태로 추진되는 것 아니냐 하는 의구심이 여기저기서 불거져 나왔다. 과열 양상을 막기 위해 정의당이 그때도 검수완박 중재안을 냈고 박병석 국회의장이 받았다. 그러나 국민의힘이 합의를 곧바로 번복했기 때문에, 국민의힘이 빠진 상태에서 처리했다.

구영식 그렇다면 이후에도 검찰개혁은 중요한 이슈가 될 텐데 총선 이후 진행될 검찰개혁 시즌2는 어떤 방향으로 진행돼야 문재인 정부처럼 검찰개혁이 매우 미흡했다는 평가를 받지 않고 앞으로 더 전진할 수 있다고 보나?

심상정 물론 미시적으로 보면 수사권과 기소권을 분리하는 핵심 자체는 달라지지 않는다. 그와 관련해 현재 제시된 다양한 방안들을 굳이 한 번 더 부언하는 것은 의미가 없다고 본다. 다만 정치검찰을 없애는 데 검찰개혁만으로 한계가 있다는 것을 조국 사태가 명명백백히 보여줬다. 검찰을 정권의 시녀로 만들어 온 것은 권력이기 때문이다. 전 정권 털기로 현 정권에 충성을 서약하면서 정권과 검찰의 공생관계가 발생하는 것은 오래도록 반복된 비극의 역사다.

제왕적 대통령제는 본질적으로 검찰권 사유화 욕망을 자제할 수 없다. 그래서 적대적 양당제하에서는 정권교체가 곧 정치보복의 악순환으로 이어지는 것이다. 검찰개혁은 정치개혁으로 완성될 수밖에 없다고 본다. 대통령 중심제를 의회중심제로 바꾸고 다당제 책임연정으로 진정한 협치가 가능해질 때, 검찰의 독립성도 구조적으로 가능해진다는 것이 내 일관된 생각이다.

2-2 강남과 좌파의 결별

구영식 조국 사태 때문에 국민들도 극단적으로 분열했고, 조국에 반대하는 일부 진보 진영 인사들이 윤석열을 지지하는 등 진보 진영 내부도 극심한 분열 양상을 보였다.

심상정 조국 사태 당시는 혼돈과 혼란의 소용돌이였다. 그때 우리는 자녀 관련 의혹을 포함해서 조국의 해명이 사실일 것이라는 전제하에 모든 판단을 내릴 수밖에 없었다. 최근 들어 법원의 유죄 판결을 보면서 착잡함이 몰려온다.

구영식 또 한편에서는 조국을 두고 '기득권화된 진보'라고 명명하기도 한다. 그래서 일부에서는 조국 사태를 기득권화된 진보와 갈라서는 계기가 됐다고 본다.

심상정 많은 청년들은 조국 일가의 입시부정 의혹을 접하면서 "능력이 없으면 부모를 원망하라던" 정유라의 말을 떠올렸다. '촛불정부가 이래도 돼? 조국은 누구보다도 우리 사회의 특권과 불평등을 비판하는 데 앞장선 사람 아니었어?' 이런 강남좌파의 위선에 대해 청년들의 분노와 박탈감이 들불처럼 번졌다. 진보는 도덕적이라는 국민적 믿음이 뿌리째 흔들렸고, 진보나 보수나 다 똑

같다는 '내로남불'의 굴레에 갇히고 말았다.

　　나도 조국 사태 내내 밤잠을 이루기 어려웠다. 촛불에 희망을 걸었던 청년들의 실망감이 가슴을 죄어왔다. 어떤 딜레마 상황이었다고 하더라도 정의당만큼은 청년들의 편에 유보 없이 섰어야 했다. 무엇보다 조국 일가의 특수한 사례에 진보 진영 전체가 함몰되지 않도록 명확히 선을 그었어야 했다.

구영식　조국은 후보자와 장관 시절은 물론이고 장관에서 물러난 이후에도 몇 차례 더 사과했다. 심 의원이 보기에 그런 사과조차도 국민들에게 충분하지 않았다는 것인가 하는 점을 질문하고 싶다.

심상정　조국 사태에는 분명 개혁의 책임자가 오히려 반개혁 세력의 희생자가 되었다는 서사 이상의 문제가 있다. 내가 아는 조국이었다면, 자신을 둘러싼 의혹을 검찰개혁과 분리해서 국민들께 진솔하게 용서를 구하고 검찰개혁의 대의를 위해 용퇴했을 거라 믿었다. 그러길 진정으로 바랐다. 그러나 조국 사태는 진영간의 세대결로 확전됐다. 광화문과 서초동에 엄청난 시민들이 운집해서 서로를 규탄했다. 검찰개혁의 본령은 사라지고 팬덤 정치만 남았다.

2019년 8월 22일, 심상정 의원 페이스북 中에서

그동안 조국 후보자는 위법이냐 아니냐의 법적 잣대를 기준으로 의혹 사안에 대응해 왔습니다. 그러나 조국 후보자의 딸에 대한 국민의 분노와 허탈함은 법적 잣대 이전의 문제입니다. 국민은 특권을 누린 것이 아닌가 그리고 그 특권은 어느 정도였는가를 묻고 있는 것입니다.

조국 후보자가 오랜 시간 동안 도덕적 담론을 주도했기 때문에 짊어진 도덕적 책임의 무게도 그에 비례해서 커진 점을 부인하기 어렵습니다. 조국 후보자는 칼날 위에 선 자세로 성찰하고 해명하기를 바랍니다.

2-3   트라우마

구영식   신언직 전 보좌관은 "조국을 반대했다면 당원의 5분의 1은 탈당했을 것이다"라고 말했다. 당시 정의당의 상황은 조국을 찬성해도 조국을 반대해도 당원들이 탈당을 피할 수 없는 상황이었는데, 결과적으로 심 의원은 당

대표로서 조국 장관 임명에 찬성했다. 그 이유는 무엇인가.

심상정 조국 인준 여부를 두고 최종적으로 당내 의견을 존중할 수밖에 없었다. 인준을 거부했을 때 가시적으로 탈당 규모가 8천 명에 이를 것이라 보고되었다. 노회찬 사후 입당한 당원들이 1만여 명이었다. 이분들은 대체로 노회찬 대표님 후원회장을 했던 조국을 반대하는 것은 곧 배신행위라 보는 분위기였다. 총선을 몇 달 앞두고 거의 분당 수준의 탈당을 감수할 수는 없었다.

구영식 그때 정의당의 당내 여론은 '조국을 인준해 줘야 한다'가 다수였다는 말인가?

심상정 자녀 문제가 불거진 후 나는 조국 인준에 대해 부정적인 입장이었다. 그러나 이 결정의 중요성을 고려한 만큼, 당내 의견수렴도 중층적으로 이뤄졌다. 그 결과 최소 당내 의사결정 구조 안에서는 압도적 다수가 인준 편에 섰다. 16개 시도당 위원장 중 인준 반대는 단 1명이었다. 당원 커뮤니티의 여론도 인준과 반대가 8:2 수준이었다.

구영식 조국 사태가 심 의원과 정의당에 정치적 트라우마가 됐을 것 같다.

심상정　이때부터 민주당에는 민주가 없고, 정의당에는 정의가 없다는 조소가 회자됐다. 심상정이 선거법 통과를 위해 조국의 손을 들어주었다는 뒷거래 의혹을 제기하면서 '민주당 2중대'라는 공격을 퍼부었다. 전혀 사실이 아니다. 조국 인준과 관련해서는 어떠한 접촉도 없었다.

　　　　19년 10월 국회 비교섭단체 대표 연설에서 내 고뇌를 담은 소회를 말씀드렸다.

2019년 10월 31일, 심상정 국회 비교섭단체 대표 연설 中에서

'심상정 대표, 이번에 실망했어!'

　　　지난 두 달 동안 조국 국면에서 제 평생 처음으로 많은 국민으로부터 질책받았습니다. '정의당은 뭐가 다르냐?'고 다짜고짜 나무라실 땐 내심 억울했습니다. '정의당이야말로 특권에 맞서 온 정당 아니냐', '당장의 정치적 유불리에 따라 이합집산하지 않고 힘들지만, 외길을 걸어왔던 정당이라는 것을 알고 계시지 않느냐?'고 반문하고 싶었습니다. 특권정치 교체를 위해 불가피하게 제도개혁을 선택한 것임을 왜 몰라 주냐고 항변하고 싶었습니다.

하지만 그것은 제 짧은 생각이었습니다. 국민께서는 정의당의 고군분투를 외면하고 계신 게 아니었습니다. 저희에 대한 따가운 질책은 오히려 그동안 정의당이 걸어 왔던 길에 대한 두터운 믿음과 기대에서 나온 것임을 깨달았습니다.

국민의 비판은 아무리 절실한 제도개혁이라도 정의당이 일관되게 지켜온 원칙과 가치에 앞설 수 없음을 일깨우는 죽비 소리였습니다.

국민 여러분의 애정이 어린 비판과 격려를 겸허히 받들겠습니다. 정의당은 걸어온 길을 다시 돌아보고 나갈 길을 철저히 점검하겠습니다. 더 꿋꿋이 정의당의 가치를 지켜 평등과 정의의 세상을 열겠습니다.

(중략)

- 다음 세대를 위한 국회를 소망하며

존경하는 국민 여러분! 이제 정치는 다음 세대의 미래를 대비해야 합니다. 세습 자본주의를 끊어내지 못하고, 불평등의 해법을 찾지 못한다면 다음 세대는 더 큰 가난과 갈등 속에 살아갈 수밖에 없습니다. 정치를 근본적으로 바꾸기 위해서는 청년, 여성, 성소수자, 이주민, 비정규직 노동자, 영세자영업자,

농민, 문화예술인 등 당사자들이 직접 정치에 참여할 수 있는 길을 과감히 열어야 합니다.

세상이 바뀌려면 당사자들이 정치에 참여해 메시지를 전하고 법을 만들 수 있도록 해야 합니다. 선거제도 개혁으로 시작될 정치혁명은 새로운 정치 주체의 등장으로 완성돼야 합니다.

정의당은 이미 각 분야에서 자신의 목소리를 내온 새로운 인재들을 영입해 과감하게 권한과 책임을 부여하고 있습니다. 다음 총선에는 청년과 여성을 비롯한 당사자들이 대거 정치에 참여할 수 있도록 과감하게 문호를 개방하고 적극 지원할 것입니다. 이 순간 저는 20~30대 청년 50명 이상이 이곳 본회의장에 앉아 있는, 다음 세대를 위한 21대 국회를 상상해 봅니다.

3

위성정당, 거대한 좌절

3-1 선거법 개정의 산통

구영식 조국 사태를 기점으로 공수처법과 선거법이 함께 통과된 복잡한 맥락에 대해서 잘 알게 됐다. 결국 심 의원이 정개특위 위원장으로 활동하던 시기에 준연동형 비례대표제가 처음 나왔다.

심상정 우리가 처음 제안한 것은 준연동형이 아니라 연동형 비례제였다. 앞서 말했듯이 선거법-공수처법 개혁공조 제안에 대해 연동형은 당론이 아니라며 이해찬 대표는 거절을 표했다. 그래서 2018년 12월 6일부터 바른미래당 손학규 대표와 우리 당 이정미 대표가 국회 로텐더 홀에서 선거법 처리 촉구를 위해 단식에 들어갔다. 열흘쯤 되니까 그제야 이해찬 대표가 50% 범위 내에서 한번 검토해 보자고 말했다. 이래서 '준연동형'이라는 말이 탄생한 것이다.

이때 두 분의 단식농성으로 5당 원내대표 합의가 이루어졌다. 이 합의문에는 연동형 비례제 방안과 비례대표 확대 및 10% 범위 내에서 의원정수 확대뿐만 권력구조 개편을 위한 원포인트 개헌논의까지 포함되어 있었다. 그런데 합의문 잉크도 마르기 전에 자유한국당 나경원 원내대표는 '비례대표 폐지, 의원정수 30석 감축'안을 말하며, 모든 의사일정을 보이콧한 채 장외투쟁으로 치달았다.

더불어민주당, 자유한국당, 바른미래당, 민주평화당, 정의당 5당은 선거제도 개편과 관련하여 아래와 같이 합의한다.
1. 연동형 비례대표제 도입을 위한 구체적인 방안을 적극 검토한다.

2. 비례대표 확대 및 비례·지역구 의석 비율, 의원정수(10% 이
   내 확대 여부 등 포함해 검토), 지역구 의원선출 방식 등에 대
   해서는 정개특위 합의에 따른다.

3. 석패율제 등 지역구도 완화를 위한 제도 도입을 적극 검토
   한다.

4. 선거제도 개혁 관련 법안은 1월 임시국회에서 합의 처리
   한다.

5. 정개특위 활동 시한을 연장한다.

6. 선거제도 개혁 관련 법안 개정과 동시에 곧바로 권력구조
   개편을 위한 원포인트 개헌논의를 시작한다.

—2018. 12. 15.

구영식   그래도 결국 심 의원이 정개특위 위원장으로 있을 때
         나온 제도였는데, 결국 위성정당으로 허물어졌다. 준연
         동형 비례제를 처음 도입했을 때 위성정당 사태를 예상
         하지 못한 건가?

심상정   국정농단 세력은 개혁을 막기 위해서라면 무슨 짓이든
         다 할 태세였다. 위성정당 만들겠다는 협박이 간접적으

로 들려오긴 했다. 그렇지만 촛불 개혁의 추진은 국정 농단 세력의 그 어떤 세력의 꼼수나 방해를 뛰어넘어 이뤄내야 하는 것이었고, 더불어민주당과 야3당의 공조만 확고하다면 과감히 개혁을 이룩할 수 있다고 보았다. 국민께서 반칙은 벌하고 개혁은 밀어주실 거라고 믿었다.

당시 나는 정개특위 위원장으로서 선거법 연내 통과를 목표로 패스트트랙 절차를 차질 없이 밟아가는 데 모든 심력을 다했다. 한참 선거법 패스트트랙 절차가 진행 중이던 2019년 7월에는 나는 정개특위 위원장에서 갑자기 물러나게 됐다. 선거법 개정은 그때부터 내 손을 떠난 상태였다.

구영식 잘렸다는 말인가?

심상정 노회찬 대표님이 돌아가신 지 1주기 되는 날, 정개특위 위원장에서 밀려났다. 내가 정개특위 위원장을 맡게 된 것은 당시 14석의 민주평화당과 6석의 정의당이 〈평화와 정의의 의원 모임〉이라는 공동교섭단체를 꾸렸기 때문이다. 정개특위 위원장은 2004년 진보정당이 원내 정당이 된 이래 처음으로 주어진 최초의 특별위원장이었고 내가 3선을 하면서 처음 맡아본 국회직이었다.

그러다 노회찬 사후 한 석이 부족해 교섭단체가 와해했다. 민주당의 새로운 원내대표였던 이인영이 정개특위 위원장 사퇴를 통보했다. 그때는 패스트트랙의 마지막 절차로 선거법 개정안을 법사위로 넘기는 정개특위 의결을 남겨두고 있었다. 자유한국당이 결사 항전하는 상황에서 민주당마저 소극적이면, 선거법 개정은 물건너가는 것이다. 순순히 물러설 수 없었다. 나는 사퇴 조건으로 두 가지를 요구했다. 첫째, 선거법을 패스트트랙에 태우는 마지막 절차인 정개특위 의결을 약속하라. 둘째, 향후 법안 처리를 '선 선거법-후 공수처법'으로 해달라. 민주당이 나의 요구를 수용함으로써, 정개특위 위원장은 홍영표 의원에게 넘어갔다.

구영식 준연동형 비례제가 촛불의 요구를 완벽하게 수용한 거라고 보나?

심상정 준연동형 비례제는 태어날 때부터 단식과 해고와 선 처리 과정을 비롯해 엄청난 산통을 겪었다. 국회의원 300석 중에 비례대표는 47석에 불과하다. 비례대표가 15.6%인 수준으로는 제대로 된 연동형은 애당초 불가능했다. 그런데도 연동률을 50%로 제한하고, 그것도 모자라 21대 총선에는 47석 중 30석만 적용하는 이중잠금

장치가 채워졌다. 연동형이라고 말하기에는 민망할 정도로 누더기 법이 되었다.

그럼에도 준연동형 제도가 적용된다면 소선거구제의 사표를 먹고 자란 양당의 초과의석이 아주 일부 정상화되는 의미를 갖고 있었다. 또 제3당 독자생존의 숨통을 틔워줌으로써, 다당제 연합정치로 가는 씨앗이 될 수 있다고 믿었다. 촛불 연정이 제도화되는 작은 교두보였다.

돌이켜보면 87년 민주항쟁에도 불구하고 선거법은 계속 개악되어 왔다. 문재인 대표 당시 더불어민주당은 중앙선거관리위원회의 안을 빌어, 지역과 비례 의석을 200:100으로 하는 과감한 혁신안을 제시했다. 그러나 오히려 비례대표 의석수만 54석에서 47석으로 줄이는 개악에 양당이 합의했다.

비례성 강화를 위한 선거제도 개선은 오직 진보정당의 개선 노력이 결실을 맺은 것뿐이었다. 첫 번째는 민주노동당의 1인 2표제 투쟁이 헌법재판소에서 수용되어 제도화됐고, 이번에 준연동형 비례제가 채택되면 그것이 두 번째가 될 것이었다.

3-2 위성정당과 똥물

구영식   결국 미래통합당은 미래한국당을, 더불어민주당은 더불어시민당이라는 위성정당을 만들어 준연동형 비례대표제가 사실상 무력화됐다.

심상정   국정농단의 주범들이 부당한 기득권을 지키고 개혁을 망가뜨리기 위해 위성정당을 강행했다. 수구세력들은 단호히 국민의 심판으로 역사의 뒤안길로 보내버렸어야 했다. 그러나 미래통합당의 위성정당 시도에 대해서 '반헌법적 정당'이라며 맹공을 퍼붓고, 여러 차례 위성정당을 만들지 않겠다 공언했던 민주당의 일탈은 가히 충격적으로 다가왔다. 미래통합당은 개혁을 온몸으로 거부했고, 민주당은 자기 손으로 빚은 개혁을 스스로 무너뜨렸다.

    나는 민주당을 믿었다. 입법자가 제1의 준법자가 되어야 하는 것이 법치의 기본원리인데, 명색이 민주화 세력이 아닌가? 김대중-노무현 정신을 승계한다는 당 아닌가? 적어도 민주당 자신이 만들어 놓은 법을 스스로 허물며 위성정당까지 쓰는 일이 벌어질 거라곤 상상하지 못했다. 돌이켜보면 문재인 정부 초기 80%의 촛불 연정 요구에 민주당 단독 책임정부로 응대했던 민주당의 오판이, 위성정당으로 다시 재현된 것이다.

구영식 위성정당 사태를 예상하지 못했다고 하더라도, 애초에 위성정당이라는 허점을 허용해 버린 것 아닌가? 이 점에 대해서는 '자업자득'이라는 가혹한 평가를 피하기 힘들 수 있다.

심상정 선거법 개정 때 위성정당 방지 조항을 함께 만들었다면 좋았을 것이다. 사실 위성정당은 제도로 완벽히 원천 차단하기란 불가능하다. 양당이 OEM 주문 제작 방식으로 쏘아 올린 것인데, 가장 확실한 차단 방법은 확고한 정치적 합의로 양당이 쏘아 올리지 않으면 되는 것이다.

내가 민주당 내의 동향을 파악할 유일한 창구가 유시민이었다. 당시 이해찬 대표가 잘 만나주지 않았기 때문에 그가 유일했다. 그때 시민이는 정의당 당적을 정리한 상태였지만, 선거제도 개혁에 관해서만큼은 애정을 갖고 성원했다. 마치 선거법 개정이야말로 노무현 정신이라는 확고한 믿음을 갖고 있었던 것 같았다. 민주당의 위성정당 가능성에 관해 물었을 때마다, 유시민은 내게 심 대표가 동의하지 않는 상황에서 민주당이 위성정당을 선택하지는 않을 것이라고 말해주었다. 결과적으로 그건 유 작가의 주관적인 희망 사항이 되어버렸다.

20년 1월 말경이었던 것으로 기억한다. 유시민 작가로부터 놀라운 이야기를 들었다. 유시민은 여당의 헤드 그룹에 불려 가서 나와 정의당에 대한 코멘트를 요청받은 바 있다고 했다. 그때 헤드 그룹에 보고된 빅 데이터를 봤는데, 다음 총선(21대)에서 민주당은 160석은 무조건 확보했고, 경우에 따라서는 180석까지 가능하다는 데이터가 제시되었다고 했다. 믿기 어려웠다. 왜냐하면 당시 김어준 등 친 민주당 스피커들이 총선에서 민주당이 과반의석도 어렵다면서 위기의식을 부채질하며 나와 정의당을 압박하며 위성정당 군불을 때던 시기였기 때문이었다.

그로부터 또 한 달 후 민주당 이인영 원내대표의 '동물 발언'이 나왔다. 이인영·윤호중·전해철·홍영표·김종민 등이 위성정당을 논의하기 위해 마포의 한 식당에서 밀실 회동을 했다는데, 그 자리에서 이인영 원내대표가 "심상정은 안된다. 정의당, 민생당과 함께하는 것은 동물에서 같이 뒹구는 것"이라고 말한 것이 보도

되었다. 개혁의 파트너에게 '똥물'이라는 막말을 난사하는 것을 시작으로 위성정당 일정이 가시화됐다. 오죽하면 당내 어른인 유인태 총장이 "천벌 받을 짓"이라고 말하고, 문희상 국회의장도 맹비난할 정도였다.

구영식 심 의원이 선거제 개편을 통해서 정의당의 이익을 극대화하려고 한다는 비난도 있었다. 그래서 '욕심 상정'이라는 부정적인 별명도 생기는 등 '심상정 욕심론'까지 나왔다.

심상정 대기업과 중소기업 간의 불공정거래에서도 원래 대기업이 잘못하는 일은 절대로 있어서는 안 된다. 대기업이 잘못해도 중소기업에서 감옥도 가고 돈도 물어내고 책임도 다 덮어씌우지 않나. 과반의석도 어려운 상황에서 자기 욕심만 차린다는 소위 '심상정 욕심론'이 제기된 맥락이 이런 것이다.

위성정당은 촛불에 대한 배신이었다. 이런 엄청난 행위를 정당화하기 위해서는 희생양이 필요했다. 정의당이 국민에게서 받은 지지만큼 의석을 받는 것이 그게 욕심인가? 정의당은 빼앗긴 1석이라도 되돌려 받아 우리 사회의 이름 없는 수많은 보통 시민의 삶을 개선하는데 속도를 내고 싶은 것이 우리의 욕심이라면 욕심이었다.

한편, 개혁공조가 파기되기를 학수고대했던 미래통합당은 정의당이 민주당 2중대 노릇하다 뒤통수를 맞았다며 조롱을 퍼부었다. 나는 오로지 홀로 칼끝에 서서 이 상황을 감당할 수밖에 없었다.

구영식 현실적으로 위성정당 참여를 고민했나?

심상정 투표를 앞두고 유시민 작가가 찾아왔다. 오늘은 미션을 가지고 왔다고 말했다. 내가 누구의 미션이냐고 묻자 밝힐 수 없다고 말했다. 정의당이 위성정당에 참여하면 14석을 보장하겠다는 것이었다. 그럼, 그동안 민주당이 위성정당 참여를 논의했던 다른 정당과 시민사회계는 어떻게 할 것인지 물었다. 그건 정의당이 알아서 할 일이라고 이해되는 내용의 답이 돌아왔다.

그런데 마침 정의당 사무총장 권태홍에게 전화가 왔다. 내가 유시민을 만나고 있을 때 당시 이해찬 대표 비서실장인 김성환이 우리 사무총장에게 전화를 걸어 위성정당 10석을 제안했다는 것이다. 위성정당 참여를 논의했던 여러 정당들의 몫을 감안하면 정의당은 선거제도와 관계없이 병립형으로 얻을 수 있는 규모 5석 이상으로 크지 말라는 뜻으로 이해됐다. 동시간대에 던진

서로 다른 제안 중에서 10석 제안이 본심이라고 볼 수밖에 없었다. 정의당이 받을 수 없는 제안이었다. 사실상 정의당에도 함께하자고 제안했다는 명분 쌓기용 최후통첩으로 받아들일 수밖에 없었다.

위성정당이 현실화되자 고뇌에 빠지지 않을 수 없었다. 황량한 벌판에 혼자 남겨진 고립무원의 상황이었다. 나는 누구와도 대화를 나눌 수 없었다. 선거 이틀을 앞둔 20년 4월 13일, 노회찬 대표님 묘소를 찾았다. 김지하의 〈빈산〉이라는 시를 소리를 내 읽었다. 무릎을 꿇고 묻고 또 물었다. "어떤 선택이 최선인지 당장 알 수 없을 때는 가장 힘들고 어려운 길을 가라"던 노 대표님의 말씀을 따르기로 했다. 원칙 있는 승리의 길을 가겠다고 마음먹었다. 그 길은 노무현의 길이기도 했다.

2020년 3월 17일, 심상정 정의당 대표 기자회견문

정의당은 원칙을 지키겠습니다.

정의당의 길을 국민 여러분께서 승인해 주시기를 호소드립니다.

지금 우리 국민은 성숙한 모습으로 코로나 사태를 극복하고 이겨내고 있습니다. 이러한 가운데에서도 어려운 사람들이 더 고통받는 현실에 마음이 아픕니다. 우리 정치는 코로나19로 직면한 민생위기 극복은 물론이고 팬데믹이 예고하고 있는 고통스러운 세계 경제 상황을 맞아 대전환을 준비해야 합니다. 이렇게 그 어느 때보다도 막중한 사명을 부여받을 21대 국회 구성을 앞두고, 꼼수가 꼼수를 낳고 반칙이 반칙을 합리화하는 정치권의 참담한 모습이 두렵기만 합니다.

전 오늘 아침 백범 김구 선생의 평생 좌우명을 되새기고 나왔습니다. "눈 덮인 광야를 지날 때 함부로 걷지 말라, 오늘의 내 발자국이 따르는 후세들의 길이 되나니." 한 번 잘못 끼워진 단추가 훗날 어떤 대가를 치르는지 우리 정치사가 보여줍니다.

1. 정의당은 많은 어려움에도 불구하고 원칙을 지켜가겠습니다.

우리 정의당이 지난 20년간 지켜온 길이 있습니다. 정의당은 불평등 속에서 고통받는 사람들, 열심히 일하지만 정당하게 대접받지 못하는 사람들, 차별받는 사람들과 함께 해왔습니다.

이번 총선에 출마하는 우리 정의당의 후보들은 그동안 불평등과 차별과 맞서 헌신해 온 자랑스러운 우리 정치의 보배들입니다. 당 대표인 저의 책무는 대한민국 진보의 일꾼들인 이들의 심장에 붙은 정의당 마크를 지켜주는 것입니다.

제가, 저희 당원들이, 바로 정의당이 일신의 안위와 따뜻한 곳을 찾아다녔다면 지금의 정의당이 존재했을 리가 있겠습니까? 이번 총선에서도 어려운 길을 가게 되었습니다. 정정당당한 정치에 대한 국민의 기대, 그것이 곧 정의당의 길이기 때문입니다.

2. 양당정치를 극복하고 민생협치 시대를 여는 것이 정의당의 사명입니다.

촛불 정치 이후에도 우리 국민의 정치에 대한 질책과 비판은 여전합니다. 저는 이것이 바로 양당의 대결 정치가 민생을 저버린 결과라고 생각합니다. 다양한 삶과 고난의 이력을 가진 유권자들의 삶이 대표될 수 있어야 정치가 민생을 말할 수 있습니다. 그런데 거대 양당정치는 다양성의 정치를 억눌러왔습니다. 정당의 이름도, 구별되는 정책도 포기하며 오로지 의석만을 얻기 위한 선거용 연합은 협치가 아닙니다. 이것이 저희가 비례연합정당(위성정당)에 참여하지 않는 또 하나의 이유입니다.

3. 정의당은 총선 이후 진보 개혁 세력의 협치로 촛불 개혁의 사명을 완수해 가겠습니다.

정의당의 길을 안타깝게 보는 분들이 있다는 것을 압니다.

저희가 비례연합당에 참여하지 않는 것은 민주와 진보의 가치를 공유하는 다른 당과의 적대나 갈등이 아닙니다. 반칙과 꼼수에 대한 거절입니다. 정의당에 주어진 역사적 책무, 정치적 사명을 지키기 위한 것입니다.

정의당은 그동안 헌정을 유린하고 민생을 위협하는 수구 세력에 맞서 가장 철저히 싸워온 정당입니다. 내 삶을 바꾸는 새로운 대한민국을 외쳤던 촛불 시민들의 열망을 받아 안아 과감한 개혁을 견인해 온 정당입니다. 정의당이 제자리를 지켜야 수구세력의 퇴장을 앞당길 수 있습니다. 정의당이 힘을 가져야 문재인 정부가 남은 집권 기간 촛불정부의 길을 가도록 만들 수 있습니다.

4. 원칙의 정치로, 정의당의 이름으로 승리하겠습니다.

21대 국회에 정치적 유불리를 떠나 원칙을 지키는 정당 하나쯤은 있어야 하지 않겠습니까? 불평등과 기후위기에 맞설 힘 있는 정당 하나는 있어야 하지 않겠습니까? 더욱 극단화되어 가고 있는 거대양당 틈바구니에서 민생협치를 이끌어낼 수 있는 교섭단체 정당 하나는 있어야 하지 않겠습니까? 지금 이야말로 헌정 70년 이래 국민에게 정의당이 가장 필요한 때라고 감히 말씀드립니다.

이번에 생애 첫 투표를 하는 만 18세 청년들이 변화에 대한 희망을 가질 수 있도록, 우리 미래세대에 다시 부서지고 왜곡된 민주주의를 물려주지 않도록, 국민 여러분께서 위성정당, 꼼수 정당을 심판해 주시기를 바랍니다. 원칙과 신념을 지키는 정의당의 길을 국민께서 승인해 주실 것을 호소드립니다.

3-3   노회찬의 물구나무

구영식   이 과정에서 심 의원에게 노회찬의 부재가 크게 느껴졌나? 요즘 들어 민주당 지지자들도, 정의당 지지자들도, 일반 시민들도 노회찬을 계속 소환하고 있다. 사람들이 '노회찬이 있었다면 정의당이 달랐을 것'이라는 것을 주문처럼 외우는데, 이것은 노회찬을 소환해 심 의원을 깎아내는 효과가 있어 보인다.

심상정   만약 노회찬 대표님이 살아계셨다면 위성정당에 손뼉을 치셨겠나, 참여를 하셨겠나? 서릿발 같은 분노를 쏟아내셨을 것이다. 노회찬 대표님은 "선거법이 바뀌면 나 국회의원 안 해도 된다. 선거제도가 개정되면 의사당 앞에서 물구나무라도 서겠다"라고 말씀하실 정도로 선거법 개혁에 사활을 거신 분이다.

    독자적 진보정당의 길을 위해 평생을 몸 바쳐오신 분이 바로 노회찬 대표님이다. 돌아가시면서도 정의당은 '당당히 앞으로 나아가라'라는 유지를 남기셨다. 노회찬의 이름이 정의당을 폄훼하고 심상정을 깎아내리는 데 쓰이는 것은 노 대표님이 결코 원치 않는 일이라는 점을 기억해 주셨으면 좋겠다.

구영식 노회찬 심상정은 줄여서 '노심'이라고 불릴 만큼 진보정당 역사에서 상징적이고 각별한 관계다.

심상정 진보정당의 역사가 '노심'으로 좁혀서 설명될 때마다 늘 송구스럽다. 우리가 대표적인 인물로 거론되고 있지만 대한민국의 진보정당은 길게는 50여 년간 민주화운동 및 노동시민 사회운동, 그리고 우리 사회의 진보를 바라는 지식인들과 시민들의 바람이 결집한 결과라는 점을 늘 기억하고 있다.

우리의 관계에 대해 노 대표님이 한마디로 정리한 게 있다. '노심초사' 노심과 초선의원 네 명이란 뜻이기도 하지만, 함께 마음을 쓰며 애를 태웠다는 말이기도 했다. 노회찬 대표님과 나는 20여 년 진보정치의 험준고령을 함께 걸어온 동지였다. 우리는 진보정치가 칭찬받을 때 함께 칭찬받고 욕먹을 때 함께 욕먹는 운명공동체와도 같았다.

노회찬 대표님이 리더의 자리에 있으면 나는 정책으로 강하게 서포트했다. 내가 결정하는 자리에 있을 때는, 노 대표님은 국민들과 소통하는 역할을 해주셨다. 경쟁 관계를 주목하는 분들도 있지만, 우리는 진보정치의 중요한 기로에 설 때면 항상 같은 결정을 내렸다.

구영식 민주노동당이 창당했을 때 첫 번째 목표가 원내 진출이었고, 두 번째 목표가 원내교섭단체였다.

심상정 우리가 민주노동당을 창당할 때부터 진보정당의 전망에 대한 사회적 통념은 지극히 비관적이었다. '대통령 중심에 양당 체제하에서 제3의 길은 없다. 노회찬·심상정은 민주당의 왼쪽 방을 차지하라.' 그런 조언이 쏟아졌다. 우리는 분명 진보정치의 길이 어려운 길이라는 것을 알고 시작했다.

　그러나 '우리는 권력보다 더 큰 꿈을 가지고 있다'라고 호기롭게 선언했다. 우리의 진보정치가 변방의 비주류 시민들과 함께 주류로 나아가는 창조의 길이 될 것이라고 굳게 믿었다. 우리 사회 보통 시민들의 확고한 지지를 받아 유력정당으로 발돋움하겠다는 신념을 가졌다.

　그 신념으로 이 신성한 사명을 위해서 수많은 동지가 젊음을 바쳤다. 이런 뜨겁고 충만한 열정으로 2004년, 진보정당 창당 4년 만에 정당 득표 13%를 기록하며 10석의 원내 정당이 되었다. 화려한 데뷔였다. 그때만 해도 원내교섭단체가 손에 잡힐 거리에 있는 것처럼 보였다.

그러나 원내교섭단체의 길은 시간이 갈수록 멀어
졌다. 민주노동당 분열 이후 진보신당, 통합진보당, 정
의당에 오기까지 고난의 행군을 거쳤다. 내가 15년 정
의당 대표가 된 이후 찾아온 촛불 국면은 정의당이 다
시 태어나는 계기가 되었다. 촛불에 대한 헌신하는 만
큼 정의당의 미래가 열릴 것이라는 믿음이 있었다. '정
치개혁을 통해 교섭단체가 되면, 진보정당의 지속가능
성이 보장될 것이다.' 여기까지가 노회찬·심상정 1세대
의 책임이라고 생각했다. 그렇게 되면 천형과도 같았던
당적 책임감에서 졸업해서 우리가 하고 싶었던 정치 마
음껏 하자며 촛불 개혁에 매진했다.

구영식 위성정당 사태라는 민주당의 뒤통수치기로 민주당에
대한 심 의원의 충격, 분노가 아주 깊었다고 들었다.

심상정 분노라는 말은 부족하다. 너무 참담해서 화낼 기력조
차 없었다. 나는 모름지기 정치인이라면 낙관적 의지로
변화를 말할 수 있어야 한다고 믿었다. 나는 "진보정당
이 유력정당으로 발돋움해서 연립정부를 구성하고, 이
를 바탕으로 진보 집권 시대를 열겠다"라고 늘 그렇게
말해왔다. 그런데 더 이상 그런 말을 할 수 없었다. 내가

달려왔던 길이 가로막혔기 때문이다. 내 정치 인생에서 가장 쓰라린 시간이었다. 위성정당 사태는 거대한 좌절감을 안겨주었다.

언젠가 우리 형부가 한 말이 떠오른다. "처제가 하려는 당은 '맹지(盲地)'처럼 보이네. 아름답지만 슬프네." 사방이 사유지로 막혀 길이 없는 땅을 맹지라 한다. 맹지까지 길을 내려면 결국 길목에 있는 다른 땅 주인들의 허락과 협조가 필요하다. 진보정당이 교섭단체가 되려면 양당의 허락을 받아야 하는 상황과 정확히 맞아떨어지는 비유였다.

내가 답했다. "그 아름다운 맹지에 정치적으로 소외된 수많은 시민들이 살고 있습니다. 그분들과 함께 반드시 길을 낼 겁니다." 선거법 개정으로 아름다운 맹지에 도로를 내는 것이 우리 진보정치 20년의 숙원과제였다. 바로 그것이 좌절된 것이다.

구영식 그때 위성정당 사태가 없었다면 정의당이 얻을 것으로 예상됐던 의석수는 15석이었나?

심상정 보통 시뮬레이션 결과로 위성정당이 없었다면 정의당이 15석을 얻었을 것이라는 말이 있다. 그건 지난 총선에서 정의당이 얻은 9.8%를 기준으로 한 것이다. 그러

나 그 9.8%는 정의당 역대 최고 득표율이었지만, 정의
당으로 가는 표를 차단하기 위해 양쪽의 파상공세 속에
서 깎이고 깎여서 나온 지지율이었다.

　　나는 위성정당이 없었다면 15%의 지지로 최대
25석까지 가능할 것이라 봤다. 준연동형제가 제대로 적
용되는 선거였다면, 국민께서 "이번에 내가 표를 주면
정의당이 교섭단체가 되겠네"라며 망설임 없이 기쁜
마음으로 지지했을 거라고 본다.

구영식　결국 민주당은 준연동형 비례제와 위성정당으로 180석
을 차지하는 데 성공했다.

심상정　양당의 위성정당으로 인해 촛불 개혁으로 이룬 다당제
둥지는 뻐꾸기 둥지로 전락하고 말았다. 뻐꾸기가 탁란
하면 결국 원래 새끼들을 다 둥지 밖으로 쫓거나 죽는
것 아니겠나. 그런 모양이 되었다. 1700만 촛불 시민들
이 퇴출하려 했던 국정농단 세력과 같은 길을 간 것은
명백한 배반이었다.

구영식　심 의원에게 기억하기 아픈 순간이겠지만, 노회찬 대표
의 죽음에 관해서 묻지 않을 수 없다. 노회찬의 죽음 소
식을 처음 들었을 때 심정이 어땠나?

심상정　오랫동안 현실감이 없었다. 나는 지금도 왜 그런 선택

을 하셨는지 받아들이기 어렵다.

국회 지하 체력관리실에서 운동을 마치고 나오려던 참이었다. 방송에서 어떤 국회의원의 사망 소식을 보도했다. '누구지?' 하고 화면을 더듬고 있을 때, 이정미 대표가 울면서 전화했다. '아 우리 일인가?' 순간 낭패감이 몰아쳤다. 옷을 주섬주섬 입고 의원실로 올라갔다. 당 대표와 우리 당 의원들이 내 의원실로 모였다. 지선 언니(노회찬의 부인)한테 전화를 했다. 연대 세브란스 병원으로 가고 있다고 했다. 그래서 나랑 이정미 대표는 병원으로 달려갔다. 언니도 혼이 나가 있었다. 현실감이 없는 거다. 뭐 울고불고 이런 것도 없었다.

혼미한 상황에서 장례 절차 회의를 마친 새벽 1시, 내 심경을 페이스북에 남겼다. "나의 영원한 동지, 노회찬. 그가 홀로 길을 떠났습니다. 억장이 무너져 내린 하루가 그렇게 갔습니다." 이 말 외에는 아무것도 생각나지 않았다.

한창 드루킹 특검이 노회찬 대표님을 조여 올 때, 이정미 대표와 이야기를 나눴다. 나는 사실 이 사건에 대해서 노회찬 대표님께 말을 못 건넸다. 그 언급 자체가 노회찬의 자존감에 상처를 줄 것 같았다. 그래서 이

정미 대표에게 "당 차원에서 함께 책임지는 방식을 상의해 봐야 하지 않냐?"라고 하자, 이정미 대표는 그 문제에 대해서는 노 대표님께서 말도 못 붙이게 한다며 "이건 내가 책임진다. 너희들 나서지 말라"며 전화를 끊어버린다는 것이었다. 내가 "그래도 혼자 감당하게 해서는 안 된다. 문제가 있다면 나라도 특검 앞에서 농성하겠다"라는 이야기를 나누고 있던 차에, 노 대표님께서 가버리시니 죄책감과 서운함이 클 수밖에 없었다.

거의 열병처럼 장례를 치르며 노회찬을 보내고 나서도 난 현실감이 없었다. 그냥 노회찬이 어디 먼 데 출장 간 것만 같은 느낌이었다. "저런 선택을 하기까지 그 칠흑 같은 어둠 속에서 얼마나 고독한 시간을 보냈을까?" 이런 생각에 이르면 그냥 넋이 나간 사람처럼 눈물만 나오고 그랬다.

천영세(전 민주노동당 대표) 대표는 영정 앞에 서자마자 "노회찬, 어떻게 당신 이럴 수가 있어? 도대체 이게 말이 돼?" 이랬다. 조문객의 방문이 끝나고 빈소에 혼자 있을 때 나도 노회찬 대표님의 영정을 마주하며 따지듯 말했다. "노회찬 대표님 너무 비겁한 거 아니에요? 이렇게 혼자 도망가는 거 아니잖아요." 누구도 도저히 승복하지 못했다.

진보정치의 영원한 동지가 홀로 떠났다. 우리가 함께하자고 약속하고 걸어왔던 일들이 주마등처럼 스쳤다. 나는 그저 막막하기만 했다.

4

대선, 외로운 촛불의 투쟁

4-1   180석의 부메랑

구영식   촛불 이야기로 다시 넘어가자면 2008년 광우병 소고기
촛불이 있었고, 2016~2017년에 탄핵 촛불이 있었다. 그
런데 2008년 촛불은 박근혜 정부 탄생으로 이어졌고,
2017년 촛불은 문재인 정부가 그것을 등에 업고 당선됐
지만 결국은 윤석열 정부가 등장했다. 그렇다면 2017년
도 촛불은 실패한 것인가, 성공한 것인가? 아니면 미완
의 촛불인가?

심상정   180석이라는 국민의 무거운 신탁에 대해서 성찰이 있

어야 한다고 본다. 우리 국민들께서는 촛불정권의 과감한 개혁을 뒷받침하기 위해 모든 걸 다 밀어줬다. 대권에 이어 지방선거 싹쓸이, 총선에서 180석. 대통령, 국회, 지방정부 다 움켜쥐고 마음껏 밀고 나가 보라는 것이었다.

또 국민들은 개혁이 혁명보다 어렵다는 것을 잘 알고 계셨다. 그래서 촛불정부가 성과를 낼 수 있도록 80% 지지를 몰아 줬고, 참을성 있게 기다렸고, 몇몇 과오들도 그냥 눈감아 주셨다. 전쟁 직전까지 치달은 남북관계를 반전시킨 것과 코로나 관리를 잘한 측면도 평가해 주셨다고 본다.

그러나 이 두 가지를 제외하고 문재인 정부가 촛불시민의 개혁요구에 얼마나 부응했나, 과연 국민의 삶을 얼마나 바꾸었나, 이에 대해서 국민들께서 냉정한 평가를 내릴 수밖에 없었다고 본다.

구영식 민주당이 위성정당까지 만들며 180석을 얻어 오만해지면서 실패했다?

심상정 문재인 대통령은 선거 직후 "등골이 서늘해질 만큼 두려운 일이다"라고 했다. 기대가 크면 실망도 큰 법이다. 나는 180석 승리가 오히려 독이 될 것이라고 봤다. 국민이 이렇게까지 전폭적으로 밀어주었다는 것은 반드시 개혁의 성과로서 답하라는 주권자의 준엄한 명령이었다. 그렇지 못한다면 감당하기 어려운 역풍을 예고하는 것이었다.

최근에 윤석열 대통령이 노조법 2조·3조 일명 노란봉투법과 방송3법을 거부권으로 좌초시켰다. 노란봉투법은 문재인 정부의 국정과제였다. 또한 2018년 문재인 정부 당시 민주당 박홍근 원내수석부대표가 발의한 방송 4대 개정안에 총 162명이 함께했다. 여당은 공약이었고 야당은 정권을 뺏긴 마당에 반대할 이유가 없었다. 그런데 "기계적 중립을 지키는 사람을 공영방송 사장으로 뽑는 것이 도움이 되겠는가"라는 문재인 대통령 발언으로 뒤집혔다.

당연히 국민들께서는 의구심을 가질 수밖에 없다. 하려면 여당일 때 했어야지 왜 야당 되니까 이제야 하겠다 하니, 이게 설득력이 떨어진다. 야당 되니까 대통령 거부권에 번번이 가로막히고 있지 않나. 그러니 국민들 사이에 '민주당은 왜 야당일 때만 개혁을 추진하나'라는 말이 도는 것이다. 그때 진즉에 했으면 하청 용접노동자 유최안 씨가 한여름 그 비좁은 조선소 철장에 스스로를 가두며 투쟁할 이유도, 지금 '무대뽀' 방송장악으로 곤욕을 치를 이유도 없었다.

구영식 문재인 정부가 정권 재창출에 실패한 이유와 관련해 논쟁적인 지점이 있다. 하나는 적폐청산을 너무 심하게 해서 실패했다는 것이고, 다른 하나는 적폐청산을 제대로 못 했기 때문에 실패했다는 시각이 있다.

심상정 지고지순한 진리는 '먹고사는 문제'다. 조국 자녀들의 입시부정 의혹이 불거지고 이해찬 대표가 20년 집권론을 운운했음에도 180석을 밀어줬던 민심은 문재인 정부가 부동산 문제에 실패하자 빠르게 돌아섰다. 천정부지로 치솟은 집값에 '벼락 거지' 같은 말이 생기고, 결혼을 꿈꾸던 청년들의 생애주기가 한참 뒤로 밀렸으며, 갭투기 광풍이 불었다. 이 갭투기 광풍의 후과가 지금 깡통전세·전세사기 대란으로 드러난 것이다.

그런데 투기 광풍에 청와대 인사들부터 시작해서 문재인 정부 여러 관료들의 다주택, LH 부동산 투기사태로 인한 도덕적 파탄이 국민적 분노에 기름을 끼얹었다. 이뿐만 아니라 안희정, 오거돈, 박원순 민주당 기관장들의 권력형 성폭력 문제들이 연이어 발생하며 국민들은 큰 충격에 휩싸였다.

이 모든 것을 '검찰' 하나로만 설명하기는 부족하다고 본다. 검찰개혁의 실패가 검찰정부의 성립에 일조했다는 것은 일면 사실이다. 그러나 그 어떤 것도 국민들의 고단한 삶을 앞설 수는 없다. 실질적으로는 나는 민생 개혁의 실패가 주된 원인이라고 보았다.

중대재해처벌법 농성 당시의 한 장면이 떠오른다. 故 김용균 씨 어머니를 비롯한 유가족과 우리 당은 혹한 속에서 농성을 벌였다. 이곳에 방문한 민주당 윤호중 원내대표는 법률안 통과가 지지부진한 이유를 "야당이 심의를 거부해서"라고 둘러댔다.

이에 故 김용균의 어머니 김미숙 씨가 짚었다. "여태껏 여당이 많은 법을 다 야당 없이 통과시켰는데 왜 이 법은 꼭 야당이 있어야 합니까?" 이에 김태년 원내대표는 말을 둘러대며 황급히 떠났다. 며칠 후 중대재해법은 양당의 손질에 누더기가 된 채로 통과되었다. 지금 윤석열 정부는 그 누더기에다가도 칼질을 하려 하고 있다.

국민들 입장에선 180석의 절대의석을 갖고도 집권 포만감에 젖어, 한국사회를 근본적으로 바꿀 헌정사상 둘도 없는 기회를 놓치고 만 것이다. 노무현 대통령은 퇴임 이후에 『진보의 미래』를 출판하면서, 자신의 집권기에 대해 성찰하고 그 반성을 토대로 미래를 제시했다. 그 노무현의 트랙을 타고 민주당은 재집권에 성공한 것이다.

만약 촛불 연정을 선택했다면 책임도 연정 파트너끼리 나눠 졌을 것이다. 그런데 단독 책임정부를 간 이상, 정치적 자기책임의 원리에 따라 자기반성이 우선이 되어야 한다. 그러나 무도한 윤석열 정권의 존재로 반성을 하지 않아도 되는 것처럼 됐다. 윤석열이 더 못하면 어떠한 실책도 정당화되는 우리 양당제 정치의 비극이라고 생각한다.

4-2 정의당의 혹독한 겨울

구영식 위성정당 사태가 지금 정의당의 위기를 강하게 추동한 것 같다.

심상정 정의당 사상 최다득표인 9.8%를 거두고도 정의당은 한없이 가라앉았다. 준연동형제 선거법 개정은 촛불이 만든 성과이면서 동시에 정의당의 미래전망이었다. 진보정당이 창당 20년 만에 원내교섭단체가 됨으로써 정의당이 유력정당으로 발돋움하고 집권을 향해 날개를 펼 수 있는 교두보가 될 터였다. 그런데 그 길이 봉쇄되었다.

기대가 크면 실망도 큰 법이다. 당장 힘든 건 견딜 수 있어도 미래가 없는 건 견디기 어려운 것이 인간이다. 우리는 선거법 개정에 모든 것을 쏟아부었고 천신만고 끝에 법 개정도 이루어 냈었기에 허탈감은 더 클 수밖에 없었다. 20여 년간 청춘을 바쳐 진보정치의 길에 헌신해 온 유능한 후배정치인들의 길을 터 주고, 당의 미래를 열어 보고자 분투했지만 모든 것이 물거품이 되었다. '이렇게까지 해도 안 되나' 자괴감이 컸다. 당원들과 지지자들의 거대한 좌절을 떠올리면 물 한모금 넘기기도 힘들었다.

나는 모든 책임을 지고 사퇴했다. 나는 앞으로 더 이상 정의당의 대표를 맡지 않겠노라 선언했다. 국민과 당원들께 1세대의 리더십은 소진됐다고 고백했다.

모든 것이 단박에 이루어질 거라 기대한 적은 없다. 노회찬·심상정 시대에서 빛을 못 볼지언정 노회찬·심상정으로 끝날 수는 없었다. 이제 노회찬·심상정 시대를 이어갈 2세대 리더십을 세우는 것이 사활적 과제였다. 내 후임으로 당선된 김종철 대표가 진보정치의 척추를 이어갈 2세대 리더십으로 우뚝 서기를 바랐다. 그러나 많은 기대를 모았던 김종철 대표가 3개월 만에 무너져 버린 이후, 지난 정의당의 3년은 아주 혹독한 겨울이었다.

구영식 자료들을 보니 2015년부터 심 의원은 '청년'을 강조하기 시작했다. 특히 2017년 때부터는 '청년'과 관련된 언급이 크게 늘어났다. 왜 메시지가 '노동'에서 '청년'으로 이동한 것인가?

심상정 노동에서 청년으로 이동한 것이 아니라, 노동과 청년을 이어내려 한 것이다.

정의당은 미래와 경쟁하면서 새로운 10년을 준비해야 한다고 생각했다. 독일 빌리 브란트 총리가 갈파하지 않았나? 기성세대는 어제의 비참함과 오늘의 현실을 비교하지만 청년들은 오늘의 현실과 내일의 가능성을 비교한다고. 우리 세대는 지금 우리가 가진 민주주의와 80년 5월 광주를 비교한다. 우리의 눈은 과거에 머물러 있다.

하지만 나 심상정도 청년이었던 시절이 있었다. 그

때 나와 우리 세대의 눈이 미래로 향하지 않았다면 독재와 억압의 현실은 바뀌지 않았을 거다. 노동조합조차 만들 수 없었던 어둠의 시대는 사라지지 않았을 거다. 우리 청년들의 불안한 눈동자는 현실에 안간힘 속에서도 미래로 향해 있다. 전례 없는 불평등과 기후위기에 저마다의 방식으로 맞서고 있다. 나와 정의당은 팔 걷어붙이고 청년들의 투쟁에 어깨를 걸어야 한다고 생각했다. 그들과 함께 싸우는 그곳에 진보정당의 미래가 있고 정치의 사명이 있다고 보았다.

나는 아이들이 부모 손 잡고 어려서부터 정당 활동을 같이하는 유럽의 사민당이 부러웠다. 유럽에서는 우리처럼 정치 바깥에서 갑자기 리더를 영입하는 일은 없다. 정치야말로 정치 전문가가 필요하다. 대개는 청년 조직에서부터 성장한 사람들이 당대표를 비롯해 주요 당직을 맡고, 내각에 입각하는 체계적인 시스템이 정말 부러웠다. 전국적으로 제도화된 핀란드의 청소년의회를 보고, 우리도 청년들로 문턱이 닳는 정당을 만들고 싶다고 생각했다.

그러다 15년 당 대표 선거, 세간에는 심상정이 노회찬을 꺾은 것으로 화제가 되었지만, 그 당시 30대 청년 후보 조성주가 신선하고 매력 있는 출마선언문으로 '2세대 진보정치'를 앞세우며 3위의 돌풍을 일으킨 선거였다. 청년들이 진보정당을 꿈꾸고, 진보정당이 청년들의 자산이 되는 그런 세상은 생각만으로도 너무 좋았다. 내가 당대표가 되어 청년정의당을 만들고, 조성주에게 미래정치센터 연구소장도 맡겼으며, 전략명부로 청년 비례를 밀어붙였던 이런 일련의 시도들이 진보정당을 청년의 산실로 만들려는 실험이었다. 그래서 성공했냐 묻는다면 그렇다고 답하기 어렵게 됐다. 무엇보다 우리 당이 청년들의 지지를 얻는 데 성공하지 못했기 때문이다. 그러나 나의 시도가 정의당에서 성공하지 못했다 하더라도 청년 정치에 대한 투자는 계속되어야 한다는 것이 나의 지론이다.

구영식 청년정치가 성공하지 못하고, 정의당만의 청년정치인 풀(pool)이 형성되지 못한 이유가 선거제도 개편, 위성정당 사태와 맞물려 있다고 보나?

심상정 비례(대표) 1번 후보가 탈당을 하는 마당이니 위성정당만 탓할 순 없지만, 위성정당으로 인해 애초 구상된 당의 비례 전략이 다 전도되었다. 우리 당은 아시다시피 청년정치인들을 위한 기회를 넉넉히 배려할 수 있는 여력은 없었다. 준연동형 선거법이 온전한 결실을 맺는다는 전제로, 20석 당선 기준 당선권인 비례 1번, 2번과 11번, 12번 네 석을 청년전략명부로 확정했던 것인데, 위성정당으로 1, 2번만 배정되었다. 5석 중 2석은 당으로서 과도한 것이었다. 또 한편 청년들이 서로 경쟁하고 협력하면서 성장하는 풀을 형성하기도 어려웠다. 당시 청년비례전략 등 나의 급진적 혁신방안에 대해 당내에 반대도 많았었다. 정치는 결과로 말하는 것인 만큼 내가 추진했던 야심 찬 청년전략의 실패에 대해서 생각할수록 회한이 밀려온다.

그렇다고 청년정치인 개개인들에 대한 평가만으로 성공 여부를 따지는 것은 아직은 섣부르다. 사실 어느 당이나 청년정치가 자리를 잡았다고 보기 어렵지 않나? 내가 중점을 둔 것은 특정 인물을 발탁해 청년정치인을 도제식으로 키우는 방식이 아니라, 청년들에게 많은 기회를 줘 서로 협력하고 경쟁하면서 성장할 수 있도록 시스템을 구축하는 것이었다. 2030 유권자가 34%에 달하는데 청년 국회의원은 약 4%에 불과한 상황이고, 적어도 청년세대의 미래는 그들의 감수성에 맡겨야 한다고 생각했고 지금도 그렇게 생각한다.

구영식 비례대표 5석 중 2석이 류호정, 장혜영 두 여성 청년 정치인에게 돌아갔다.

심상정 류호정, 장혜영 의원이 비례 청년전략명부 1, 2번에 배정된 것은 당원과 지지자들의 선택이었다. 20대 총선 비례대표 선출은 처음으로 도입된 개방형 선거인명부를 통해 이루어졌다. 당원과 선거인명부로 조직된 지지자의 직접 투표를 통해 득표순으로 정해졌다. 1, 2, 11, 12번은 청년 중에서 득표순으로 차지하게 됐다. 당시 류호정 후보의 경우는 민주노총 화섬노조의 홍보부장이면서 이미 오래전부터 정의당 당원이었다. 노조의 뒷받침을 받아 청년후보 중 1위를 했다. 장혜영의 경우는 당시 촉망받는 다큐멘터리 영화감독이었다. 나의 제안으로 입당해 청년 후보 중 2위 득표를 했다.

이미 비례대표 경선을 통해 명부가 확정된 상태에서 위성정당 사태가 발생했고 당의 비례 전략과 구상은 박살이 났다. 20석 이상으로 기대했던 비례대표가 5석으로 줄었다. 무엇보다도 40대가 주축인 2세대의 국회 입성이 좌절되었다. 그 결과 청년 2석은 매우 과잉된 분포가 되고 말았다. 오랜 세월 당에서 헌신한 동지들이 기회를 갖지 못한 상태에서, 당내 불신이 팽배할 수밖에 없었다.

여섯 석의 정치에 정의당의 미래가 걸려 있었던 만큼, 두 청년 정치인들의 역할이 특별한 관심의 대상이 될 수밖에 없었고, 두 의원의 어깨에 걸린 책임도 그 만큼 무거워질 수밖에 없었다.

구영식 결국 류호정, 장혜영 등 젊은 세대들이 당의 주축처럼 돼 버렸다. 제대로 된 2세대 리더십이 당내 권력에 이양되는 과정이 생략돼 버렸다고 많은 사람들이 생각한다.

심상정 결과적으로 그렇게 보였을 것 같다. 그러나 비록 실패했지만, 2세대 리더십을 세우기 위한 각별한 노력이 경주되었었다. 위성정당 사태에 대한 책임을 지고 내가 당대표에서 물러날 때, 내가 우리 당 의원들(20대)을 다 내 의원실로 불렀다. "내가 책임지고 당대표에서 사퇴하려고 한다. 그런데 민심은 노회찬·심상정을 잇는 2세대 리더의 출현을 바라고 있다고 생각한다. 그래서 차기 당대표 선거는 여러분들 시간이 아니다"며 양해를 구했다. 자리에 있던 이정미, 박원석, 윤소하, 김종대 등 의원들이 다 공감해 주었고 의지를 모아 주었다. 김종철이 내 후임 당대표가 된 배경에는 2세대 리더십을 위한 우리 당 1세대 정치가들의 결의와 공감이 있었다는 점을 밝혀 두고자 한다.

　의원들과 소통한 후에 나는 김종철을 만나 당대표 선거에 나갈 것을 적극 권유했다. 앞으로 어떻게 정치를 해 나갈 생각이냐는 나의 첫 질문에 김종철은 "뭐 달라질 게 있나요. 지금까지 해 온 것처럼 해 가는 거죠." 나는, "지금까지 해 온 대로 하면 당신의 미래는 없다며 당대표 할 생각은 없느냐?"며 재차 추궁했다. 엄두조차 못 내고 있는 것 같았다. 나는 더 세게 밀고 들어갔다. 당 안팎에서 당에서 청춘을 바쳐 일한 유능한 인재들을 배려하지 않는다는 문제제기들이 많은데… 나도 책임을 크게 느끼고 노심초사하고 있지만, 또 한편 생각해 보면, 당에서 당대표 빼고 모든 당직을 두루 거친 사람이 비례투표에서 그 정도 득표밖에 못 받은 것은 애당초 집요한 '계획'이 없었기 때문 아니냐며 몰아붙였다. 깊이 생각해 보고 당대표 출마하면 당대표 되시기를 바란다는 말을 남기고 일어섰다. 오랜만에 마음을 열고 나눈 대화였다. 돌아서며 눈물이 핑 돌았다.

　며칠 후 '시간이 좀 있으니 일단 당직을 수행하면서 출마 여부를 고민해 보겠다'는 문자가 왔다. 나는 원하는 대로 당 선임대변인 자리를 주었고, 김종철은 2차까지 치러진 치열한 경선에서 승리했다. 김종철 체제가 성공하길 간절히 바랐고, 최선을 다해 돕고자 했다. 김종철 대표를 중심으로 서울시장 보궐과 대선을 치르고 그 과정에서 당의 2기 리더십 확고히 성장하고 안착해서, 1세대에서 청년정치인에 이르기까지 세대연대의 중심을 잘 잡아 주기를 기대했다. 그러나 김종철은 3개월 만에 성추행 사건으로 스스로 무너져 내렸다. 청천벽력 같은 일이었다. 몹시 아팠고 참으로 암담했다.

이때부터 지난 3년간 세 차례 비대위 체제로 이어지면서 당의 리더십은 표류했고, 당은 걷잡을 수 없이 쇠약해졌다. 그때 당원과 국민들도 큰 충격을 받았으리라 생각한다.

구영식 일부에서는 정의당을 '페미당'이라고 표현을 써 가며 비난한다. 정의당은 당 대표가 여성이고, 주로 활동하는 의원들도 여성이고, 여성들이 대중의 전면에 서 있다 보니 또 류호정, 장혜영 두 여성 청년의원을 둘러싼 여러 논란들과 겹쳐서 그런 식의 말이 생긴 것 같다.

심상정 '페미당'이라는 공격은 페미니즘을 당의 최우선 가치로 놓고 거기에만 집중한다는 뜻인데, 그것은 백래시라고 생각한다. 21대 국회 들어서 정의당의 최우선 과제는

21년 중대재해처벌법, 22년 노란봉투법 제정이었다. 이를 위해서 국회에서 릴레이 시위, 농성과 단식 등 사력을 다했다. 23년 여름에는 후쿠시마 오염수 방류 저지를 위한 이정미 대표의 단식도 이어졌다. 그런데도 불구하고 당시에 성폭력 이슈가 뜨거웠기 때문에 많은 분들이 노동 문제보다 젠더 문제에 더 집중했다고 오해할 만했다.

2016년 이후 강남역 살인사건을 계기로 오랫동안 우리 사회에서 봉인돼 있던 페미니즘의 각성이 일어났다. 동시에 전 세계적인 미투가 진행됐고, 우리 사회도 현직 검사를 비롯해 연예계·학계·체육계 할 것 없이 곳곳에서 미투가 터져 나왔다. 여기에 결정적으로 안희정·오거돈·박원순 권력형 성폭력 사건들이 줄지어 일어나 기름을 부은 상황이었다. 우리 당의 청년 여성 의원들이 이 이슈에 참전하면서 또렷하게 부각되었고, 한편에서는 총선, 대선을 앞두고 성별 갈라치기를 시도한 이준석 발 백래시도 크게 작용했다.

청년 여성 의원이 청년 여성들의 절실한 요구와 감성을 대변해서는 안 된다고 말하는 것은 과도한 비난이라고 본다. 다만 당 차원에서는 노동 문제에 주력했지만 더 부각하지 못한 전략적 미스를 성찰해야지, 페미니즘 노력이 과했다는 식으로 편승하는 것은 무리한 주장이다. 물론 당의 의제 전략이 혼란스럽게 보인 것에 대한 책임은 개별 의원들에게도 있다. 모든 정치인은 자신의 소신을 말할 권리가 있지만, 동시에 당의 전략에도 복무할 의무가 있다. 정치인이라면 양자 간의 균형을 헤아릴 줄 알아야 한다. 국민들이 나의 옳음을 몰라 준다고 원망할 것이 아니라, 정치인은 자빠져서 코가 깨져도 내 책임이라는 자세로 임해야 한다. 국민과 인식의 차이를 좁히려는 노력, 그것이 곧 정치의 본령이기 때문이다. 그런 점에서 두 청년정치인이 여러 문제제기에 대해 좀 더 겸허한 자세로 임할 때, 더 큰 정치인으로 성장할 수 있다고 생각한다.

그러나 가장 중요한 것은 리더십의 부재라고 본다. 당의 리더십이 제대로 발휘되어 당적 의제와 메시지를 전략적으로 관리했다면, 개별 의원의 발언은 상대화되었을 것이다. 비례대표 사퇴 권고 당원 총투표가 진행됐을 때도, 20년간 누적돼 온 진보정당의 구조적 문제를 초선의원들에게 책임을 돌린다면 공정하지 못하다 생각했다. 굳이 책임을 묻자면 20년간 이 당을 이끌어

온 당대표들과 선배 국회의원들의 책임이 앞서야 하지 않는가? 그렇기에 모든 화살은 내게 돌려 달라는 마음으로 반대 의사를 표명한 바 있다.

성폭력 사건에 대한 미투가 봇물처럼 터져 나올 때 나는 우리 사회가 마지막 금단의 장벽이 뚫렸다고 생각했다. 그리고 이 땅에 살아온 여성으로서의 긴장감과 먼저 살아온 선배로서의 미안함을 가지고 이 사태를 지켜보았다. 내가 성을 인지했을 청소년 시절에는 우리 사회에 성폭력이라는 말은 존재하지 않았다. 이미 당시 선진국에서는 매우 중범죄로 다뤄졌을 행위들에 대해서도 그저 '찝쩍거림' 정도의 관대한 표현이 오갔을 뿐, 그 이상의 문제제기는 금기시되었다. 일상화된 '찝쩍거림'은 모두 여성들이 칠칠치 못해 생긴 일로 취급되었다. 이게 성폭력인지, 범죄인지 배운 적도 누가 알려 준 적도 없었다. 독일은 어려서부터 누구나 성적 자기결정권을 가지며, 그것을 침해하는 것은 중대범죄라는 것을 가르치고 배운다. '리비도'는 인간의 가장 원초적 본성이며, 따라서 성적 자기결정권을 침해받는 경우 자존감을 지닌 시민으로서 성장하기 어렵다는 사회적 인식이 확립되어 있기 때문이다. 나처럼 먼저 살아온 선배 여성들이 더 일찍 각성하고 앞서 투쟁했더라면 젊은 세대들에게 이토록 참담한 상황을 물려주지 않았을 것이다.

구영식 페미 논쟁에서 제기된 몇몇 쟁점들, 예를 들면 여성할당제 같은 주제들은 합리적 논쟁이 가능하지 않나.

심상정 '여성주의'의 개념을 '성평등주의'로 전환함으로써 합의점을 찾을 수 있다고 생각한다. 차별받는 여성들의 존엄과 권리를 회복해 성평등사회로 나가자는 것이 '여성주의'인데 이걸 여성중심 사회로 나가자는 뜻으로 받아들이는 사람들이 있다. 특히 일정 규모의 청년들은 자기 경험 속에서 즉, 성장 과정이나 경쟁에서 여성들이 차별받고 있지 않다고 생각한다. 공무원이나 교사 임용 등 일정 직역에선 여성의 비중이 절대적으로 높기도 하다. 그래서 여성주의는 여성중심주의가 아니라고 계속 설명할 필요 없이, 모든 성이 있는 그대로 존중되고 평등해야 한다는 '성평등주의'로 소통할 필요가 있다고 생각한다.

작년에 국회에서 '남녀동수 선포식'이 있었는데 그건 기계적 발상이 아니냐는 문제제기들이 있었다. 그래서 '한 성이 40% 미만이 되거나 60% 이상의 점유를 해서는 안 된다. 그러니까 성비 20% 내에서만 격차를 허용하자' 이런 정도의 내용이면 합의를 이루지 못할 이유가 없지 않을까 싶다.

구영식 류호정 의원은 금태섭이 하는 '새로운선택' 신당 창당에 동참하기로 기자회견을 했다. 그런데 정의당 당적을 유지하겠다고 말했다. 어떻게 보는가?

심상정 위성정당 사태로 당이 사면초가일 때 비례대표 1번인 류호정 의원의 '롤 대리' 문제가 엄청난 비난에 직면했다. 당 지지율에 큰 영향을 미칠 정도의 여론 상황이 좋지 않았었던 것이 사실이다. 총선의 성과를 내야 했던 당대표로서 고심에 고심을 거듭했던 나날이 주마등처럼 스친다. 당시 당익의 측면에서 정리했어야 하지 않았나, 지적하는 분들도 많았다. 그렇지만 조사해 보니 롤 대리 사건은 류 의원이 대학교 2학년 때의 일이고, 문제가 되었을 당시 사과하고 맡고 있던 게임동아리 회장직을 내려놓으며 마무리된 일이었다. 청년전략명부까지 내세우면서 청년정치를 강조해 왔는데, 사회에 나오기도 전의 일이고 당시 책임을 진 일을 가지고 비례후보직을 박탈하는 것이 맞나, 그리고 위성정당 사태를 덮기 위해 류호정의 롤 대리 건을 의도적으로 키운 정치공세의 측면도 있어 이래저래 고민이 컸다. 류 의원의 비례 1번은 당원들로부터 선출 절차를 거쳐 부여된 것이었기 때문에 당 전국위원회에 회부되었고 조사결과 보고 후 승인된 것이었다.

류호정 의원이 정의당에 신의를 저버리는 과정에서, 자신을 국회의원으로 만들고 지켜 주었던 많은 당원들의 정성과 기대, 아픔에 대해서, 또 정의당 비례대표 1번의 무게와 책임에 대해서 깊이 헤아려 봤기를 바란다. 정의당이 아닌 새로운 도전을 하겠다면서 정의당 당적을 정리하지 않는 것은 도리가 아니다. 류 의원이 가지고 있는 의원직은 정의당의 것이고 정의당 당원들의 힘으로 일군 것이다. 이제 정의당 당원과 지지자 중 류 의원의 탈당에 대해서 미련을 가진 사람은 없어 보인다. 당시 당대표로서 송구스러울 뿐이다.

4-3 대선, 개혁 복원의 마지막 소임

구영식 2022년 대선에서 심 의원이 얻은 표는 2.37%이고, 이재명과 윤석열의 표차이는 불과 0.7%(24만 7000표, 47.8% 대 48.6%)로 역대 대선 중 최소 표차였다. 그래서 일각에서는 심 의원의 완주를 두고 '심상정 책임론'이 나왔다.

심상정 국민 여러분께 제 심정을 진솔하게 말씀드리는 게 예의일 것 같다. 지난 대선은 아직도 내 마음을 무겁게 짓누르고 있다. 윤석열 정부의 거대한 퇴행에 대해 국민 여러분들께서 느끼고 계신 분노와 낭패감에 대해, 대선 후보의 한 사람으로서 큰 책임감을 느끼고 있다. 소수정당의 후보로서 심상정이 처했던 딜레마 상황을 한편으로 이해하면서도, 그래도 심상정인데 더 '큰 정치'를 했어야지, 이렇게 아쉬워하는 분들이 많다는 것을 알고 있다. 그분들의 원망이 심상정에 대한 애정과 기대로부터 나온 것을 잘 알기에, 지난 시간 저의 침묵이 길어질 수밖에 없었다.

출마를 결단하면서도 고민이 컸다. 이번 대선은 역대급 비호감 선거로 극단적 양당 대결 구도에서 치러지는 선거였다. 그 속에서 우리에게 허용된 정치적 공간은 매우 협소했고, 매우 고독한 싸움이 될 것이라는 것을 모르지 않았다. 그럼에도 뒷걸음칠 수 없었다. 아무리 역사가 강자의 역사라도, 1,700만 촛불의 열망이 위성정당으로 유린된 상태로 방치할 수 없었다. 거대 양당의 밥그릇 논리로 촛불개혁의 절호의 기회는 전복되었지만, 국민을 닮은 국회, 다양성의 정치는 더 미룰 수 없는 시대적 요구였기 때문이다.

위성정당 사태 이후 정치개혁은 길을 잃었다. 국회가 새롭게 구성될 때마다 늘 유력 정치인들의 단골메뉴로 등장하던 정치개혁이 사라졌다. 형식적인 립서비스나 틀에 박힌 주장조차 없었다. 개혁을 거부한 제1야당과 개혁을 무너뜨린 여당의 합작이 민주주의를 후퇴시키고 모두를 부끄럽게 만들었기 때문이다. 국민들은 더불어민주당에게 180석을 안겨 주었지만 정치개혁의 실패를 면제해 준 것은 아니었다. 길잃은 정치개혁에 대해 양당의 결자해지를 촉구하자. 그렇게 정치개혁을 내 마지막 소임으로 삼고 출마를 결심했다. 출마선언문에서도 썼듯이, 나는 그게 국민에게 진 빚을 갚는 일이라고 생각했다.

내가 십자가를 짊어짐으로써 정치가 더 좋아질 수 있다면, 다당제의 교두보가 살아난다면, 다시 진보정당의 미래가 열린다면, 모든 것을 감당할 마음의 준비가 되어있었다. 다시금 내게 '똥물'을 끼얹어도 좋고 가랑이 사이를 기라고 해도 기꺼이 감내할 생각이었다.

구영식   심 의원은 대선 출마 때부터 후보 단일화는 없다고 선 언하지 않았나?

심상정   17년 대선 당시 정의당 후보로 나갔던 JTBC〈뉴스룸〉에 서 손석희 앵커가 가장 먼저 한 질문이 "끝까지 가실 거 죠?"였다. 이제 시작인데 왜 사퇴할 것이라고 단정하시 냐 맞받았던 기억이 난다. 손석희 앵커가 사과드린다는 말로 마무리되었지만, 문재인 후보의 당선이 기정사실 화되었던 상황조차 제3당 후보에게는 처음부터 끝까지 '완주'에 대한 질문이 따라붙는다. 처음부터 사퇴를 공 언하고 출마하는 후보는 세상에 없다. 제3당이라고 해 서 보통, 평등, 직접, 비밀선거 등 선거의 4원칙을 택하 고 있는 민주주의 국가에서 출마 여부도 스스로 정할 수 없다면 그것을 민주주의라고 할 수 있겠나?

　　돌이켜보면 2008년 나의 첫 지역구 선거에서 3천 800표 차이로 한나라당 손범규 후보에게 낙선했을 때, 나는 완주한 민주당 후보를 탓하지 않았다. 또 나 는 20대, 21대 총선 지역구 선거에서도 국힘-민주-정의 3파전에서 승리했다. 특히 21대 총선에서는 박빙의 승 부 끝에 이겼다. 하지만 그 과정에서 민주당 후보에게 후보 사퇴를 강요한 바 없다. 당신의 권리라고 생각했기 때문이다.

이뿐만 아니라 나는 2010년 경기도지사 선거에서 사퇴하고 유시민 후보 지지를 선언한 것으로 평생 처음으로 당의 징계를 받은 바 있고, 2012년 대선에서는 문재인 후보와 단일화하고 자진 사퇴한 적도 있다. 반면 서울시장 선거에서 완주한 노회찬 대표님은 오세훈 당선에 기여했다며 민주당 지지자들로부터 엄청난 고초를 치르셨다. 이 트라우마는 승자독식 양당체제하에서 진보 진영이 선거 때마다 치러야 하는 홍역과도 같은 것이었다.

내가 분명하게 말할 수 있는 것은 진보정치에서 대표적인 연합정치론자가 '나'라는 것이다. 다만 지금까지 그래 왔던 것처럼 큰 당의 일방적 패권이 작용하는 단일화나 소수당의 사퇴를 강요하는 방식은 지양해야 한다고 생각했다. 서로 다른 정당 간의 차이를 존중하고, 국민의 지지만큼 정책과 권력을 분점하는 선진적인 연합정치를 제도화하자는 것이 나의 일관된 주장이었다. 국회 정개특위 위원을 7차례나 하면서 선거제도 개혁에 매진해 온 이유가 여기에 있다.

구영식 이재명 후보로부터 공식적인 단일화 제안은 없었나?

심상정　후보 간에도, 당 차원에서도 어떤 공식적인 제안을 받은 바 없다. 내가 대선 캠페인을 한 차례 중단한 적이 있는데, 그 칩거 기간에도 연락은 없었다. 이재명 후보가 나에게 진지하게 다당제 정치개혁을 약속하고 실천의지로 믿음을 주었다면, 설령 내가 고집하더라도 우리 당원들과 지지자들이 나의 완주를 말렸을 것이다.

　　21년 연말에 정동영 전 대표와 연세대 정치외교학과의 박명림 교수가 나를 찾아온 적이 있었다. 심 대표가 대선에 출마한 것은 결국 정치개혁 때문이 아니냐, 우리가 이재명 후보에게 정치개혁 5대 과제를 정리해서 제안했고 이재명 후보가 연초에 기자회견을 통해 밝힐 예정이니 연대방안을 적극 모색했으면 좋겠다는 것이었다. 이재명 후보의 신년 기자회견에 어떤 내용이 담길지 마음이 쓰였다. 그러나 1월 4일 광명 기아자동차 소하리 공장에서 진행된 이재명 후보의 새해 기자회견에는 정치개혁의 의제는 단 한 줄도 담기지 않았다.

구영식　심 의원이 선제적으로 단일화를 제안하는 방법도 있지 않았나?

심상정　선거 막바지 여론조사 공표금지 기간 중 유인태 국회 사무총장이 사무실로 찾아오신 적이 있다. 단일화 논의를 좀 진지하게 해 봐야 하지 않느냐는 말씀이셨다. 유인태 선배는 늘 나의 선거제도 개혁을 위한 도전에 용기를 주셨던 분이라 부담 없이 물어 봤다. "이재명 측의 진지한 제안은 있습니까?" 거기까진 아니라는 답이 돌아왔다. 또 천호선 전 정의당 대표는 선거 초기부터 막판 딜레마 상황에 대비한 아이디어를 제안하고 양자 단일화를 중재하기 위해 애를 썼던 사람이다. 그러나 후에 권태홍 사무총장의 언론 인터뷰를 보니, 천호선 대표가 송영길 대표와 접촉했는데 그의 안하무인적 태도에 그 신사적인 사람이 그렇게 불같이 화를 내는 것은 처음 봤다고 했다. 애당초 이재명 후보와 민주당의 사전에는 나와의 단일화 구상은 없었던 것으로 생각된다. 그런 상황에서 나에게 능동적 역할을 운운하는 것은 곧 알아서 죽었어야 하지 않느냐는 것인데 그건 가혹한 일이라고 생각한다.

구영식 윤석열과 안철수가 단일화를 했기 때문에 이재명과 심상정의 단일화가 더 중요해진 것 아닌가? 표차를 고려하면 윤석열이 당선된 데는 안철수 지지표의 일부가 윤석열에게 간 것이기도 하니까.

심상정 이재명 후보 측에서 안철수 후보가 전격적으로 윤석열 후보의 품으로 갈 가능성을 낮게 보았던 것 같은데 나도 예상치 못했다. 우리는 선거결과에 대한 정확한 예측도 어렵고 며칠 만에 당의 입장을 정리하기도 어려운 상황이었다. 아까도 말씀드렸지만 이재명 후보와 민주당에 애당초 나와의 단일화 구상은 없었던 것이다. 그런 상황에서 네가 알아서 죽었어야 하지 않느냐고 하는 건 가혹한 일이라고 생각한다.

22년 2월경 이재명 측과 안철수 쪽의 단일화 협상이 꽤 진지하게 진행되고 있다는 말을 들었는데 그것도 결렬된 것으로 알고 있다. 안철수는 윤석열 후보와 단일화 바로 직전까지도 "이번에는 심 의원님을 절대 외롭지 않게 할 겁니다"라며 거듭 말했다. 안철수 후보는 '윤석열 당선되면 1년만 지나도 윤석열 찍은 손가락 자르고 싶을 것'이라고 강경하게 말하기도 했는데, 아마도 19대 대선에서 지지율이 21%가 나왔던 것이 5%로 추락하는 압력을 견딜 수 없었던 모양이다.

나는 안철수가 완주를 한다면 투표 며칠을 앞두고 안철수와 공동 기자회견을 여는 것도 구상해 두었다. "승자독식 양당제하에서 우리 지지율이 매우 초라해졌다. 그럼에도 우리는 다당제 연합정치 시대를 위해서 그 씨앗을 뿌리는 심정으로 완주할 것입니다"라고 호소할 참이었다. 그랬다면 다음 총선은 무조건 다당제로 귀결될 것이라고 확신했다. 그러나 안철수가 하차하고 모든 독박을 고스란히 짊어지게 되었다. 말할 수 없이 당혹스러웠다.

구영식 단일화 제안에는 공식적인 경로 말고도 비공식적인 제안도 있다. 비공식적인 제안도 없었나?

심상정 안철수가 중도사퇴한 후 이재명 후보에게 전화가 왔다. 마침 함께 회의 중이었던 우리 캠프의 박원석 미디어본부장은 전화를 받지 않는 게 좋겠다고 했다. 그러면서 이재명 대표가 우리공화당 조원진 후보에게 전화를 걸어 정치개혁을 함께하고 국민통합정부에 참여해 달란 제안을 했다는 보도를 들이밀었다. 이기기 위해서라면 위성정당도 불사했듯이, 이기기 위해서라면 국정농단 세력과 손을 잡겠다는 건가? 또 한편 나의 정치개혁 촉구에는 응답하지 않았던 것과 대조적으로 김동연 후보에게는 정치개혁 회동을 통해 단일화에 나섰다. 여러모로 심상정을 정치개혁의 파트너로 삼을 생각이 없다는 시그널이었다.

구영식 심 후보가 "윤석열 후보가 되면 왜 안 된다고 생각하세요?"라고 답변한 스크린샷이 엄청나게 돌면서 '심상정이 윤석열에 가담했다'는 식의 이미지가 만들어져 논란이 됐다.

심상정 이것은 제대로 해명을 해야겠다. 거두절미하고 그 발언만 부각되면서 많은 분들에게 오해와 억측을 낳은 것 같다. 그 말은 당시 닷페이스라는 채널에 출연했을 때, 그때 패널로 출연했던 한 정의당원이 "시중에 심상정을 찍으면 윤석열이 된다는 말이 도는데, 이 말에 대해 심상정 후보는 뭐라고 답변하겠는가?"라는 질문에 답변하는 과정에서 나온 말이다. '그렇다면 패널의 대선후보 선택의 기준은 무엇인가?'라는 의미로 반문한 것인데, 이것이 거두절미하고 마구 유포되면서 심상정에 대한 낙인처럼 쓰여 매우 유감으로 생각한다.

구영식 만약 제가 답변해야 했다면, 좀 유머러스하게 "심상정을 찍으면 심상정이 대통령 된다"는 정도로 했을 것 같다. 단일화 딜레마를 해결하기 위한 제도 개혁은 적극적으로 하면 좋을 것 같다.

심상정 실언을 잘 하지 않는데, 매우 친숙한 분위기에서 이뤄진 대화에서 패널이 우리 당원이다 보니까 방심했던 것 같다. 대선 이후 심상정에 대한 조직적인 공격은 참 감당하기 벅찼다. 심상정이 윤석열과 누나 동생 하는 사이라더라, 제 아버지와 윤석열 후보의 부친 故 윤기중 교수가 일찍부터 친하다더라, 이런 류의 가짜뉴스들이 광범하게 유포됐다. 분명히 말하지만 심상정을 공격하기 위한 마타도어다. 내가 윤석열 후보를 처음 직접 대면한 것은 대선 후보 때였다. 내가 충암중학교 선후배라는 사실을 가지고 말을 만든 것 같은데, 그때는 남녀공학이 아니라 여중과 남중이 따로 있었다. 부모 간에도 일면식이 없었다. 사실 이런 것을 일일이 해명하는 것 자체가 좀스러워 그간엔 아무런 대응을 하지 않았다.

구영식 지난 대선 때 심 의원이든 정의당이든 윤석열에 대한 비호감보다 이재명에 대한 비호감도가 더 높았던 것 아닌가?

심상정 지난 대선 때 TV토론을 보면서 윤석열보다 이재명을 더 때렸다는 평가가 있다. 나한테도 그런 말씀을 하시는 분이 많았다. 내가 공정하게 해도 지지자들 입장에서는 이재명 후보에 대한 비판이 더 아팠을 것이다. 두 후보 간에 차이를 두었어야 하지 않느냐는 원망으로 받아들인다.

내가 늘 겪는 일이지만 똑같이 때려도 윤석열을 때리는 것은 별로 기사가 되지 않는 반면에, 이재명을 때리면 그 몇 배의 기사가 난다. 그래서 내가 한번 따져봤다. 윤석열 후보에게는 음주, 열차 좌석에 구둣발을 올려놓고, 손의 王자를 쓰는 무속논란 등등 우리 정치를 희화화하는 수준의 기상천외한 논란과 흠결들이 쏟아져 나왔었다. 특히 '전두환 롤모델', '개사과' 등을 비롯해 윤석열 후보의 실언과 퇴행적 행동들이 드러날 때마다 윤 후보를 비판하는 메시지를 강하게 냈다. 특히 윤석열 후보의 '주 120시간 노동' 발언이 나왔을 때는 너무도 기가 막혀 사람 잡는 대통령 될 거냐고 앞장서 격렬하게 비판했다. 대선 TV토론 당시 종부세 논란도 마찬가지다. 내가 윤석열 후보에게 "30억 집 살면서 종부세 92만 원이 폭탄이냐? 집 무너졌냐?" 말한 것이 화제가 되었다.

나는 준비조차 되지 않은 윤석열 후보가 대항마로 성장해 유력후보가 된 상황 자체에 화가 났다. 민주당 정권이 그런 빌미를 제공한 것에 대한 근본적인 문제의식이 컸다.

구영식 저도 윤석열 정부 탄생의 제1의 책임은 문재인 대통령과 민주당에 있다고 생각한다. 윤석열을 검찰총장에 임명한 사람도, 그 검찰을 이용해 적폐청산을 한 것도 문재인 대통령이다. 윤석열이 조국 장관 일가족 수사를 통해 대선주자가 된 것도 문재인 정부의 책임이 가장 크다. 문재인 정부의 책임은 그 자체로 소재를 따져야 하지만, 이와 별개로 심의원은 다른 판단을 가질 수 있어야 한다고 생각한다. 그래야 대선이라는 중요한 정치적 공간에서 정의당과 심 의원에게 유리한 국면이 올 수도 있는 것 아닐까?

심상정 그 지적에 대해서는 충분히 받아들인다. 지난 대선은 이재명만의 패배가 아니다. 나의 참패이기도 하다. 그렇다고 민심이 윤석열의 승리를 선언했냐고 묻는다면 그 역시 단호히 아니라고 답하겠다. '정권 심판'과 '새 대통령 선출'을 단 한 번의 투표로 묶어서 해결해야 하는 딜레마에 국민들께서도 괴로워하신 결과라고 생각한다.

무엇보다 '어떤 상황이든 윤석열은 막아야 한다'는 국민적 간절함과 그 뒤 내게 쏟아진 원망의 메시지를 읽어 보았다. 또한 대선 개표 때 내게 밤새 쏟아진 12억의 후원금이 갖는 의미에 대해서도 생각해 보았다. 정치에는 정당 차원의 연대, 연합의 원칙도 있지만, 개인 차원에서 살신성인의 결단도 있다. 그때 고민의 끝을 봤어야 했다.

5

정치개혁, 나의 소명

5-1   노무현이라는 교과서

구영식   심 의원은 정치개혁을 이야기할 때 특히 노무현 정신을
자주 소환한다.

심상정   노무현 대통령을 처음 만난 건 1987년이다. 당시 울산
과 거제는 87년 노동자 대투쟁의 진원지였다. 투쟁이
정점을 지나던 8월 22일, 대우조선의 용접공 이석규 열
사가 경찰이 쏜 최루탄에 오른쪽 가슴을 맞고 쓰러졌
다. 집이 가난해 중학교를 졸업하자마자 직업훈련을 받
았던 이석규 열사의 나이는 고작 스물하나였다. 이석규

열사의 죽음을 애도하고 경찰의 무도함을 규탄하는 자리에서, 전노협 쟁의부장으로 노동변호사 노무현을 처음 만났다. 이석규 열사 죽음의 진상을 규명하려던 변호사 노무현은 도리어 부산 구치소에 20일 동안 수감되었는데, 노무현의 구속적부심에 변호사 90여 명이 출석하는 장면이 영화 〈변호인〉의 마지막 장면이다. 그때 나와 노무현 대통령은 둘 다 노동자 편이었다.

그러다 내가 야당 국회의원으로서 노무현 대통령과 다시 만났다. 재경위원회 소속으로 민생경제와 노동, 한미 FTA 등으로 담당하다 보니 노 대통령과 각을 많이 세웠다. "민주당과 국민의힘 사이에는 샛강이 흐르고, 민주당과 민주노동당 사이에는 한강이 흐른다"라는 말은 노회찬 대표님의 어록으로 알려져 있는데, 사실 내가 먼저 한 말이었다.

나는 정개특위 위원만 7번째다. 정치개혁의 문제를 직접 다루면서 또 정개특위 위원장까지 맡으면서, 정치개혁을 향한 노무현 대통령의 처절한 몸부림과 절박감을 볼 수 있었다. 정치개혁의 비전과 프로그램도 따로 준비할 필요가 없었다. 노무현 대통령의 어록 자체가 정치개혁의 교과서였다. 노무현 대통령이 대연정을 제안했을 때, 내가 철모르고 한 날 선 비판을 생각하면 부끄러웠다. 나는 정치개혁의 길에서 새로운 노무현을 만났고, 오랫동안 그와 함께 걸었다. 그 소회를 노 대통령의 기일에 페이스북에 남겼다.

2019년 5월 23일, 심상정 의원 페이스북

이제 추모의 마음을 추슬러 새 희망을 열기 위해 갑니다. '사람 사는 세상'을 향한 대장정을 다시 시작하러 갑니다. 저는 지난 8개월간 정치개혁 특별위원장으로 일하면서 노무현 대통령님과 함께 있었습니다. 제가 경제·민생 분야에서 각을 세울 때는 미처 알아보지 못했던 정치개혁의 선구자 노무현을 만났습니다.

제가 정치개혁의 절박감으로 노심초사할 때 정치를 바꾸기 위한 그분의 열망과 처절한 몸부림을 제대로 볼 수 있었고, 정치개혁의 비전과 구상을 고민할 때 이미 그분이 준비해 놓았다는 것을 알았으며, 선거제도개혁이 '미션 임파서블'로 다가올 때마다 그분의 '계란으로 바위 치기'를 생각하며 마음을 다잡았습니다. 대의는 온데간데도 없고 오직 눈앞의 이해관계와 당리당략만 번득이는 비루한 협상 환경에 마음마저 한없이 초라해질 때 그분이 그리웠습니다. 유불리를 계산하지 않고, 실패를 두려워하지 않으며, 역사의 진보에 대한 확고한 믿음으로 온몸을 던졌던 노 대통령의 신념과 리더십에서 위로받고 에너지를 얻었습니다.

노무현 정신의 중심은 정치개혁입니다. 노무현 정신은 오늘 정치권에 분명한 실천을 요구하고 있습니다. 대한민국 분열의 원인이자 통합의 방해물인 승자독식 기득권 정치 구조를 타파하라고 말하고 있습니다. 지난 30여 년간 지속되어 온 후진적인 대결 정치와 혐오 정치를 개혁하라고 요청하고 있습니다.

저와 정의당은 "권력을 한 번 잡는 것보다 선거제도 개혁을 하는 것이 더 큰 정치발전을 가져온다"라는 노무현 대통령의 믿음을 이어받겠습니다. 노무현의 못다 이룬 꿈, 그가 온몸 던져 실현하고자 했던 꿈, 이제 더 미룰 수 없는 절박한 시대정신이 된 정치개혁의 꿈을 노무현 정신을 기리는 모든 시민과 함께 이뤄내겠습니다. 그리하여 지긋지긋한 구시대를 끝내고 새로운 희망의 시대를 열어가겠습니다.

구영식 정개특위 위원장 하면서 노무현을 재발견한 거네요.

심상정 노무현 정신의 핵심은 정치개혁이라는 것을 재발견한 것이다. 초창기에는 노무현 대통령의 정치개혁 메시지에서 지역감정 문제만 들렸다. 노무현 대통령이 쓴 『운명이다』를 곱씹어 읽으면서, 노무현 대통령의 정치개혁은 기득권 정치 독점을 깨뜨리고 소수파의 생존을 보장해서 건전한 경쟁이 가능한 다원적 민주주의로 나가자는 것임을 깨달았다.

구영식 심 의원이 일관되게 주장해 온 정치개혁 이야기와 맥이 맞닿아 있다.

심상정 "나는 지금도 여전히 국회의원 선거구제를 바꾸는 것이, 권력을 한 번 잡는 것보다 훨씬 더 큰 정치발전을 가져온다고 믿는다." 이 말처럼 선거법 개정의 중요성을 웅변하는 말은 없다고 생각한다. 또 "중대선거구제든 대선거구제든 다 할 수 있다, 총리도 줄 수 있다, 이렇게 해서 대연정도 가능하다", "지역 구도를 제도적으로 해소할 수 있는 선거제 개정을 한나라당이 받아들인다면 권력을 통째로 내놓을 수도 있다" 이만큼 정치개혁에 대한 절대적 의지를 표명하셨다. 김대중 대통령은 98년 815 경축사에서 독일식 정당명부제를 제안하셨다. 또 지방자치제를 위해 13일간 단식을 벌이지 않았나.

지금은 누구나 '노무현 정신'을 말하지만, 정작 '노무현 정치'는 실종되어 버린 게 참 가슴 아프다. 기득권 정치를 바꾸기 위해서는 기득권을 내려놓는 것에서 시작한다는 그 헌신의 마음을, 노무현의 후예들인 우리는 배워야 한다. 노무현 대통령은 정치개혁을 두고 '미룰 수 없는 시대적 과제'라고 했는데, 그 과제를 20년간 미룬 결과가 우리 정치를 극단적인 대결 정치, 불모의 황무지 정치를 낳았다.

이 대목에서 생각나는 사람이 있다. 17대 국회 동료 의원이었던 열린우리당의 임종인 의원이다. 법안 발의는 10명의 필요한데, 당시 민주노동당은 9석일 때가 있었다. 그때 부족한 서명 하나를 임종인 의원이 채워주었다. 그때 임종인 의원은 "나와 민주노동당은 정치적 지향점이 다르지만, 내 개인의 입장보다 진보정당의 입법권이 대한민국 정치발전에 더 중요하다"라며 민주노동당 법안에는 무조건 도장을 찍어주겠노라 선언했다. 나는 아직도 그의 진심 정치를 그리워하고 있다.

5-2   여러분을 존경하지 않는다

구영식   심 의원은 대한민국 양당 체제가 한계를 드러냈다며, 벗어나야 한다고 일관되게 주장해 왔다.

심상정   내가 19대 국회 때는 환노위원을 했다. 그러나 후반기에는 양당이 심상정을 환노위에서 배제한다는 것을 합의했다는 소식을 들었다. 노동자를 대변하겠다는 국회의원을 환노위에서 찍어내겠다는 것이었다. 나는 그것을 방조한 민주당 의원들에게 크게 실망했다.

"나는 여기 앉아 계신 여러분들 더 이상 존경하지 않는다. 가장 평등해야 할 국회가 가장 불평등한 특권의 온상이 되었다. 대한민국 국회는 5천만의 국회가 아니라 500만만 대표하는 특권 국회다. 여러분이 민주화 세력인데, 어떻게 이렇게 불평등한 국회를 방치할 수 있냐? 나는 이제 여러분들 존경하지 않습니다." 이렇게 강력하게 일갈했다.

흔히들 반독재 민주화 투쟁으로 87년 대통령 직선제 개헌을 이룩하며 절차적 민주주의는 완성되었다고 믿고 있다. 최장집 교수는 『민주화 이후의 민주주의』라는 책에서 이제 절차적 민주주의를 넘어 사회경제적 민주주의로 나아가야 한다고 역설했다. 그러나 선거법을 다루면서 '절차적 민주주의가 완성됐다고 어떻게 확언할 수 있지?' 하는 의문이 들었다.

승자독식 소선거구제에서는 단 한 표가 당락을 가르기 때문에 해마다 50%에 육박하는 사표로 국민 절반의 의견이 버려진다. 국민을 닮아야 할 국회가 처음부터 유권자 절반을 배제하고 구성되는데, 국민 주권의 기본원리인 표의 등가성을 제대로 구현하고 있다고?

기득권 양당은 구부러진 제도로 50% 사표를 자양분 삼아 초과의석을 얻으며 양당제를 철옹성처럼 굳혔다. 특정 지역에서는 50%만 받아도 90%를 독점할 수 있듯이, 노무현 대통령의 말대로 철저한 독과점 체제다. 그 철옹성의 밖으로 내몰린 서민과 사회적 약자, 소수자의 목소리는 이 국회에서 전혀 대변되지 않는데, 어떻게 절차적 민주주의의 완성이라고 말할 수 있나 늘 의문이었다.

진보정당 20년 동안 국토위에 들어간 건 내가 유일하다. 국토위 1년 차 때만 하더라도 국토위 테이블에 오른 주된 주제는 서울 강남 집값이었다. 공공임대 주택이나, 반지하·고시원·옥탑 등 주거약자들의 삶은 의제가 되지 못했다. 국회 구성이 기득권 위주로 되니까 기득권의 목소리만 들리는 것이다. 나는 거꾸로 기득권화된 절차적 민주주의 안에 사회적 경제적 민주주의도 갇혀버렸다고 생각한다. 구부러진 절차적 민주주의를 펴내는 데 선거법 개정이 갖는 중요성이 있다. 선거법 개정을 통해 구부러진 절차적 민주주의를 바로잡아야 한다.

구영식 심 의원은 다당제를 제도화하면 이 문제가 해소된다고 보는 것인가?

심상정 민주주의를 다수결이라고 말하는데, 민주주의는 다양성이다. 다양성이 배제된 다수결은 패권이다. 정당에 대한 정의 중 가장 탁월하다고 생각하는 게 안토니오 그람시의 정의다. "정당은 부분을 대표하되 전체를 지향한다." 다양한 국민을 여러 정당이 나누어 대변하는 게 민주주의다. 한 정당이 전체를 대표하면 그게 바로 전체주의다. 민주주의는 분권을 지향하는 체제다. 다양한 시민들을 나눠서 대표하는 정당들이 대화와 타협을 통해 이해와 요구를 조정하는 체제가 바로 민주주의다. 그래서 가장 좋은 선거제도는 투표 민심 그대로 국회가 구성되는 것이다.

그런데 우리 국회는 어떠한가? 21대 총선 당시 2030 유권자 비율은 31.4%였지만 현재 청년 국회의원의 수는 단 4%에 불과하다. 이런 국회가 청년의 절박성을 제대로 이해할 수 있을까? 유권자의 절반이 여성인데 여성 국회의원은 19%에 불과하다. 우리 국회가 성폭력과 성차별의 고통을 책임감 있게 다룰 수 있을까? 그런데 판검사, 변호사 법조인 출신은 46명이나 된다. 1/6이다. 국회의원들이 걸핏하면 대화와 타협의 정치로 풀어야 할 쟁점들을 소송장 들고 검찰, 법원, 헌재 찾아가는 '정치의 사법화'와 그에 뒤따른 '사법의 정치화'가 과연 이와 무관할까?

　　승자독식 선거제도에서는 결국 다양성이 공천권에 종속된다. 제왕적 대통령제 아래서 여당은 국민이 아닌 대통령에게 충성 경쟁할 것을 강요받고, 야당은 공천권을 쥔 차기 유력주자에게 줄 설 수밖에 없다. 그래서 한국 정치는 정당과 국민과의 관계로 설명되지 않는다. 진박·친박·비박/친노·비노/친문·비문/친명·비명·반명 등 권력자들과의 관계로만 설명된다. 그러니 우리 정치는 모든 이슈가 권력투쟁에 집중하지, 민생은 뒷전으로 밀려 부차적 문제가 되는 것이다.

세상은 다원화되고 개인의 삶은 다양화되는데, 우리 정치만 양극화되고 있다. 자치와 분권의 시대에 권력만 집중되고 있다. 지금 대한민국을 두 쪽 내고 있는 사회경제적 양극화와 정치 양극화는 별개의 문제가 아니다. 정치체제를 바꾸지 않고서는 다원화된 세상의 요구에 부응할 수 없고 사회 불평등과 같은 핵심 갈등을 해소할 수 없다.

구영식 심 의원은 극단적 대결 정치의 원인 또한 소선거구제와 양당제에서 비롯되었다고 보는 건가?

심상정 87년 체제 수립 이후 보수정당이 21년, 민주당 계열이 15년 집권했다. 과거에는 군사독재의 유산으로 보수 우위 체제라고 말했지만, 적어도 집권 기간만으로만 본다면 더 이상 '기울어진 운동장'을 주장할 수 없을 것이다.

양당 과두 지배의 상징물이 천만 당원 시대다. 중앙선거관리위원회가 각 정당에 보고받은 바에 따르면 21년 기준 민주당이 약 485만 명, 국민의힘이 407만 명이다. 2004년에 약 195만 명이던 수치가 5배나 늘어났다. 역사가 190년 된 영국 보수당이 17만 명, 150년 된 독일 사민당이 41만 명이다. 북한 노동당이 약 650만

명인데 우리가 그것보다 많다. 한국의 천만 당원은 세계적으로도 독특한 현상이다. 나는 천만 당원 시대가 강성 지지자들이 주도하는 극단적 팬덤정치와 무관하지 않다고 생각한다.

'1천 원 당비'를 통해 입당 문턱을 확 낮춘 것이 정치의 대중화를 이끌기보다는 정당정치를 무력화했다고 본다. 기존 정치 문법에서는 중도를 누가 잡느냐가 관건이었다. 중도에 호소하려면 적어도 선거 때만이라도 조금 더 말을 정제하고 조금 더 겸손하게 타협의 자세를 취했다. 그러나 일단 양당의 울타리 안에 일단 천만이 들어가자, 더 이상 중도에 소구할 필요가 없어졌다. 지지자들을 최대한 동원해 결집시키면 되기 때문이다.

단 1표만 앞서면 모든 것을 거머쥐는 승자독식 선거구제 아래서는 좋은 공약과 정책에 관심을 둘 필요가 없다. 핵심 지지층을 투표장으로 동원해 내는 데 가장 효과적인 것은 상대를 악마화하는 것이기 때문이다. 어떻게든 독한 말을 던져 상대를 무참하게 KO 시키는지, 또 우리 진영의 잘못을 실드하고 상대의 과거 잘못을 찾아 역공하는 능력이 득세하는 상황이 됐다.

국회는 검투사형 정치가와 평론가형 정치가가 득

세했고, 국회 연단은 대화와 타협 대신 각 진영의 열성 지지층을 결집하는 선동의 장으로 변질됐다. 이것이 바로 오늘날의 '극단적 팬덤정치', '혐오 정치'가 만들어진 배경이다. 과거에는 리더가 열성 지지층을 설득할 수 있었다. 그러나 지금은 강성 팬덤을 정당이 제어할 수 없는 지경에 이르렀다. 리더는 이끄는 사람인데, 끌려다니는 사람으로 추락했다.

지난 역대급 비호감 대선 이후 꾸준히 여론조사에서 무당파들의 규모가 20~30% 정도로 계측되고 있다. 나를 대표하는 정치인도, 정당도 없다, 더 이상 진영대결에 원치 않은 투표를 하고 싶지 않다, 기득권 양당이 나와 상관없는 싸움을 하고 있다는 암묵적 불만의 총량이다. 사실상 주권자의 1/3가량의 투표권과 참정권이 박탈된 상태라고 할 수 있다. 이 무당파가 선택할 만한 선택지를 제공하자는 것이 바로 비례성의 확대고 선거법 개정이다.

구영식 비례대표제에 대한 국민적 인식이 좋지 않은 건 사실이지 않은가?

심상정 비례대표제의 도입 취지와 기능은 승자독식 소선거구제의 병폐를 해소하는 거다. 버려진 민심을 최대한 많이 살려내기 위한 수단이다. 그럼에도 국민께서 비례대표를 불신하게 된 것은 "지역구 국회의원은 내가 뽑는 사람, 비례대표는 당 대표가 뽑는 사람"이라는 거다. 한마디로 '국민 공채'가 아닌 '당 대표 특채 루트'니까 국민적 불신이 극심했던 거다. 그래서 나는 비례대표제의 정상화를 위해서 지역구와 마찬가지로 국민이 직접 선출하는 개방형, 그러니까 '국민 직선 비례제'를 주장했다. 이미 선진국에서는 널리 채택되고 있다.

또 정치개혁 때마다 기득권 정당이 내놓는 단골 메뉴는 의원정수 축소다. 그런데 의석수가 줄면 국회의원이 소수 귀족화되어 특권은 더 늘어난다. 의석수를 줄일 대로 줄여서 윤핵관 30석만 남겨놓고 국회를 쥐락펴락하게 만드는 것은 결코 개혁이 아니다. 나는 정치개혁이란 '특권은 줄이고 일꾼은 늘리는 것'이라고 말씀드렸다.

구영식 다당제를 촉진하기 위해 탄생한 준연동형 비례대표제를 두고 정의당의 제 밥그릇 챙기기라는 말에 대해서는 어떻게 생각하는가?

심상정 23년 4월 10일, 19년 만에 국회에서 전원위원회가 열렸다. 선거제 단독주제로 전원위가 열리는 것은 헌정사상 최초였다. 국회의원 전원이 국민 앞에 정치개혁에 대한 자신의 솔직한 견해를 밝히는 자리였다. 평소처럼 고성이나 비난이 오가지 않고 차분히 경청하고 정당의 구분 없이 '국회의원'이라는 관점에서 공감하고 격려하는 분위기에서 진행돼 놀라웠다. 아니 생소했다.

나는 이 자리에서 선거제 개혁은 곧 제 밥그릇 챙기기 아니냐는 비난에 대해 솔직하게 말씀드렸다. 우리 정의당이 국민께서 지지해 주신 만큼의 의석수를 얻지 못해서, 정당 득표 10%를 얻고도 국회의원은 2% 의석밖에 얻지 못해서, 빼앗긴 8%의 의석만큼 우리 사회에서 배제되고 소외된 국민의 목소리를 대변하지 못해 몹시 속상했노라고 말씀드렸다.

이 국회에 노동자와 청년과 여성의 목소리가, 그리고 노동과 녹색의 의제가, 또 소수자와 사회적 약자의 권리가 더 많이 대표되고 반영될 수 있다면 정의당이 아니어도 좋다고, 국가적 난제와 세계적 도전에 당당히 맞설 수 있는 다당제 책임정치로 이어질 수 있다면, 또 다양한 해법을 가진 여러 정당이 국회에 더 많이 들어올 수 있다면 그게 정의당이 아니어도 좋다고 힘주어 말씀드렸다.

돈 없고 사람 부족한 진보정당이 가진 무기가 목소리밖에 없다. 소수정당이 강한 목소리를 내면 "누가 보면 정의당이 다수당인 줄 알겠어~"라며 안 좋게 보는 동료의원들도 있었다. 그럴 때마다 "우리는 지난 총선에서 10% 받았다. 선거제도가 공정했다면 30석이다. 비록 우리가 왜곡된 제도 때문에 6석에 머물러 있지만, 국민께서 우리에게 주신 30석의 발언권을 당당하게 행사할 것이다"라고 말했다.

구영식 만약 지난 총선에서 준연동형 비례대표제가 위성정당의 방해 없이 제대로 적용돼 정의당이 20석을 얻었다면, 그것이 다당제 개편으로 이어졌을까?

심상정 당연하다. 정의당이 교섭단체가 된다는 거는 양당제가 다당제로 넘어간다는 정치사적인 의미가 있다. 2000년 민주노동당 창당 이래 양당제의 협곡에서 독자성을 가지고 24년을 버텨온 정당이기 때문이다. 여기에 대통령 결선투표제를 더하면 연합정치가 제도화되는 것이다. 지난 총선에서 민주당이 지역구로만 얻은 의석이 163석이다. 정의당이 교섭단체가 되어 다당제하에서 지난 대선이 치러졌다면, 100% 연합정치의 맥락에서 민주진보 진영이 질 수 없는 구도로 진행됐다고 확신

한다.

구영식 양당 체제를 극복할 방법이 선거제 개편 말고 다른 방법은 없었을까?

심상정 물론 선거제도에만 의존해서 제3당이 성공할 수 있다는 말을 할 수는 없다. 그러나 진보정당의 지난 20년간 몸부림을 생각해 볼 때, 선거제도 개편 없이 양당 체제를 넘어서는 것은 가능하지 않다는 것이 나의 결론이다. 진보정당 건설 50년 역사의 에너지를 받고 출발한 민주노동당도 10석에 그쳤고, 진보세력에 유시민의 참여계까지 합쳐 만든 통합진보당 13석은 역대 최대치였다. 정의당이 10%를 득표해도 6석의 굴레에서 벗어나지 못했다.

매출이 아무리 늘어도 적자를 면할 수 없는 작금의 정치제도는 대한민국 대기업과 중소기업 간의 관계와 닮았다. 중소기업이 아무리 열심히 신기술을 개발하고 영업을 신장해도 결국 대기업에 다 빼앗긴다. 그렇기 때문에 중소기업을 보호하는 제도적 장치와 국가적 관리 감독이 없으면 대기업에 종속되고 흡수되고 마는 것이다.

5-3 　인저리 타임의 기적

구영식　대선 이후 한동안 잘 보이지 않았다. 심상정의 존재감
이 많이 희미해진 것은 아닌가 하는 이야기가 있다.

심상정　대선이 끝나고 3월 27일, 평지와 다름없는 길을 걷다가
발목 골절 사고를 입었다. 태어나 발목이 처음 부러졌
다. 제왕절개 수술 이후 신체 손상이 있었던 것은 아마
도 이번이 처음이었다. 안 그래도 내 걷는 뒷모습이 휘
청거린다는 걱정을 주변에서 많이 들었던 차였다. 혹독
한 패배로 어디서 매라도 맞고 싶은 심정이 골절상보다
더 뼈아팠다.

　　정기국회에 복귀하기까지 이어진 성찰과 회복의
시간은 너무나 귀한 시간이었다. 당 대표로 맹렬히 활
약했던 모습을 기억하는 분들은 요새 통 TV에 안 나온
다는 말씀을 많이 하셨다. 그것은 내가 정치를 시작한
이래 처음으로 어떠한 당직도 맡지 않았기 때문이다.

　　중앙 정치 대신 나는 국토교통위원회 상임위 활동
에 매진했다. 화물파업, 건폭몰이, 깡통전세-전세 사기
대란, 카카오M의 불공정과 택시 대란, 양평 고속도로
등 국토위는 민생 최전방 상임위였기에 최선을 다했다.

구영식 그러다 심 의원은 23년 신년사로 "국민 여러분께 2023년을 정치개혁의 원년으로 만들자고 제안한다"라고 말했고, 이어 1월 말에 '초당적 정치개혁 의원 모임'이 출발했다. 대선 이후에도 정치개혁을 중점 과제로 삼은 것인가?

심상정 삼국지에서 '분노는 지혜를 가둔다'라는 조조의 대사가 마음에 박혔다. 대선에서 정치개혁의 불씨를 되살리는 데는 실패했지만, 예서 말 수는 없다고 생각했다. 나는 2023년을 정치개혁의 인저리 타임이라고 규정했다. 이미 정치개혁의 골든 타임은 허비되었다. 정치개혁은 때마다 돌아오는 유력정치인들의 단골 메뉴였지만, 선거구를 미세조정 하는 것 이외에는 매번 '여의도 할리우드 액션'으로 끝났다. 총선을 1년 앞둔 2023년이야말로 선거법을 다듬을 마지막 추가시간이라고 봤다. 축구에서 기적은 늘 인저리 타임에 일어나듯이 이 기회를 반드시 살려보겠다 마음먹었다.

　　22년 후반기에 국회에 복귀하자마자 나는 민주당의 정성호 의원을 찾아갔다. 양당의 중진의원들을 만나 초당적 의원 모임의 구상을 밝혔다. 지금은 내가 바라는 정치개혁의 바람직한 상을 제시하며 설득하는 것보

다 일단 정치개혁의 공감대와 동력을 광범하게 만들어
내는 게 우선이라고 봤다. 최대한 전면에 나서기보다
하드캐리의 리더십을 다하기로 했다. 이미 정치개혁 토
론회와 연구모임을 활발하게 꽃피우고 있던 초재선 의
원 모임과 합쳐 총 국회의원 148명이 참여하는 '초당적
정치개혁 의원 모임'을 만들어 냈다. 생각보다 뜨거운
반응에 나조차도 놀랐다. 의원 모임을 조직하는 과정에
서 많은 동료의원들이 선거제 개혁에 대한 책임감을 공
유하고 있다는 사실을 확인할 수 있었다.

구영식   초당적 의원 모임에 그렇게 많은 의원이 결합하게 된
이유는 뭐라고 생각하는가?

심상정   이번만큼은 초당적인 공감대를 모을 수 있다고 봤다.
사생결단의 정치에서 선후배 동료 국회의원들도 여야
불문 자괴감을 많이 토로했다. 내가 이런 정치를 하고
싶어서 국회의원이 됐나? 하는 국회의원들이 많았다.
국회의원들도 처음에 배지를 달면 정말 국민을 위해서
나라를 위해서 최선을 다하겠다며 정말 열심히 한다.
그런데 막상 정치적 내전에 가까운 소모적 정쟁 구조
아래서는 자기 소신을 꺾어야 하고, 하고 싶은 말을 거
둬가며 지도부 하는 대로 따라다니게 된다. 매 국회마

다 초선의원을 50%씩 갈아치우는 데도 나날이 추락하는 우리 정치의 현주소를 보고 국회의원도 고민이 많았다. 지난 위성정당 사태는 제1야당이 이탈한 채 정치적 합의가 공고하지 못해서 비롯된 측면이 있는 만큼, 최대한 많은 의원의 논의 과정을 통해서 선거법 개정안을 집약해 내는 것이 중요하다고 생각했다.

구영식 그렇지만 아무리 국회의원들이 많이 모였다고 하더라도 결국 정치의 생리상 공천권을 쥔 지도부의 입김이 가장 강력한 것 아닌가?

심상정 정치개혁은 태생적으로 원심력이 구심력보다 강한 이슈다. 국회의원들은 당론이 정해지기 전까지는 자기 입장을 표출하기 어려웠다. 내 경험으로는 정개특위는 한계가 또렷했다. 당의 유불리와 권력의 이해관계가 맞물려 있어 지도부의 오더가 떨어지기 전까진 정개특위 위원들은 침묵으로 일관하며 시간을 끌었다. 그러다 막판에 시간이 없다는 이유로 선거구 획정만 하고 끝나기 일쑤였다. 그동안 정치개혁에는 지도부의 시간만 있었지 국민의 시간이나 국회의원의 시간은 허용되지 않았다. 반복된 정치개혁의 실패 공식이었다.

일단 초당적 국회의원들의 중지를 모아 국회의원

의 시간을 만들어 내자. 그리고 공론조사 등으로 국민의 시간을 끌어낼 수 있다면, 지도부가 여론을 쉽게 무시할 수 없을 만큼 구심력을 가질 것으로 생각했다. 초당적인 의원 모임은 양당의 극단적 대결 전선에서 벗어난 비무장지대였다.

때마침 김진표 국회의장도 정치개혁에 강한 의지를 보였다. 19년 만에 열린 전원위원회에서 100명 정도의 국회의원이 국민 앞에서 선거법에 대한 자신의 소신을 밝힌 것은 처음이었다. 또 선거제도 국민공론화위원회에서 500인의 시민참여단을 구성해, KBS에서 공론화 숙의 토론회를 연 것도 처음이다. 특히 그 숙의 끝에 나온 결과는 나와 정의당이 그동안 주장해 왔던 제도개혁의 방향과 일치한다는 점이 굉장히 고무적이었다. 선거제 개혁에 84%가 찬성했고, 비례대표 확대에 70%의 압도적 찬성을 보내주셨다. 이번 선거제 개혁의 목표가 사표 방지와 비례성 확대임을 국민께서 인정해 주신 거다. 다만 국회의원 정수 증원 문제는 아직까지 충분한 동의를 얻지 못했다.

구영식 그런데 심 의원의 이런 노력에도 불구하고 최근 양당이 다시 병립형으로 회귀할 조짐을 보이고 있다.

심상정 병립형으로 가겠다는 것은 촛불 이전으로 되돌아가겠다는 것이다. 명백한 퇴행이다. 23년 7월, 헌법재판소는 준연동형 비례제가 합헌일 뿐만 아니라 과거 병립형보다 비례성을 향상하는 제도임을 인정했다. 나아가 거대 정당의 위성정당 선거전략을 통제하는 제도 마련을 촉구했다. 말하자면 정개특위가 최우선으로 해야 할 일은 위성정당 방지법을 만들라는 것이었다.

양당의 지도부는 선거를 앞두고 '압도적 승리'에 대한 유혹에 사로잡힐 수 있다. 양당의 대표들은 '압도적 승리를 위해 정권을 견제하겠다', '압도적 승리를 통해 대통령을 돕겠다'라고 선언한다. 하지만 이분들이 뼈저리게 생각해야 할 지점은 우리 정치가 지난 여러 과정과 국면을 통해 패자의 공포와 승자의 저주는 동전의 양면이라는 것을 몸소 느꼈다고 생각한다. 오히려 압도적 승리가 곧 끝나지 않는 보복의 순환으로 이어져 종국에는 정치의 붕괴를 야기할 것이다. 결국에는 일방적인 제압보다 패자도 승자도 공존할 수 있는 타협의 정치로 전환하는 것이 모두가 이기는 길이라는 점을 강조하고 싶다.

구영식 그런데 국민의힘과 민주당을 동렬에 세울 수는 없지 않나?

심상정 동렬에 세워본 적이 없다. 동렬에 세우지 않았기 때문에 민주당과 개혁공조를 해왔다. 다만 민주당은 모든 걸 떠나서 민주화를 주도해 온 세력으로서 위성정당으로 실추된 정통성을 회복하는 조치가 있어야 한다. 그런 의미에서 이재명 대표의 "멋있게 지면 무슨 소용이냐"는 말은 굉장히 우려스럽다. 노무현 정신은 명분 있는 패배가 비굴한 승리보다 낫다는 것이고, 그 노무현의 원칙이 그를 대통령까지 인도한 것이다. 멋있게 지지 않기 위해 쏘아 올린 위성정당 덕에 180석을 먹었지만 결국 정권을 내주는 소탐대실로 귀결됐다. 진짜 멋있게 이기기 위해선 위성정당이 아니라 다수 연합이 필요한 것이다.

다행스럽게도 개혁파 민주당 의원들 상당수가 당내에서 강력한 문제 제기를 표출하고 있다. 이낙연-정세균-김부겸 전임 세 총리가 또한 민주당이 원칙을 지켜야 한다고 말했고, 김동연 지사 또한 병립형 회귀나 위성정당은 안된다며 단일화 시 약속 이행을 촉구했다. 이재명 대표가 여러 차례 국민 앞에서 다당제 정치개혁과 위성정당 방지를 약속했고, 또 민주당의 당론으로 채택됐다. 그럼에도 몇 석의 기득권을 위해 국민의힘과 야합한다면, 이번에야말로 정말 감당하기 어려운 역풍이 불 것으로 생각한다. 정권교체를 넘어 정치교체·시대교체로 가는 길은 민주당 혼자 갈 수 없다. 폭넓은 연대 연합을 통해서만 가능한 일이다. 다 같이 가는 길이라야 국민과 함께 갈 수 있다.

6

고양시 덕양구, 대한민국 정치 1번지

6-1 　초심의 공간에서 배운 것들

구영식 　2004년 민주노동당 비례대표 1번으로 국회에 입성했
　　　고, 2012년 통합진보당, 2016년과 2020년에는 정의당
　　　으로 내리 경기도 덕양구 고양시 갑에 당선됐다. 이렇
　　　게 노회찬과 함께 '지역구 3선'을 기록하며 진보정당 최
　　　초로 '4선의 국회의원'이 됐다. 진보정치인이 지역구에
　　　서 3선을 한다는 것이 참 어려운 일인데, 그게 어떻게
　　　가능했다고 보나?

심상정 　문희상 전 국회의장이 의장 퇴임을 앞두고 나를 의장실

로 부르셨다. 대한민국 정치사에서 여성 정치인의 이름으로 어떤 흐름을 만든 것은 박근혜와 심상정 둘뿐이다. 그런데 박근혜는 아버지 후광이었지 않냐? 그런 점에서 심 대표가 아주 중요한 일을 하고 있다며 격려해 주셨다. 또 양당에 적을 둔 적이 없는 제3당의 정치인이 지역구에서 3선 한 사례는 아마 심 의원이 유일할 거라며, 끝까지 잘하라고 말씀해 주셨다. 우리 지역구에서 내가 3선을 했다는 것이 갖는 정치사적인 의미와 위상에 관한 얘기를 들으니까, 우리 지역 주민들이 정말 위대하구나 하는 생각이 들었다.

지역구 선거는 빨간 점퍼 파란 점퍼, 점퍼 색이 당락의 80%를 좌우한다. 선거운동원과 현수막 업체까지 점퍼 색에 따라 뒤바뀌는 '먹이사슬의 인프라'가 아주 강고하다. 그런데 전국에서 치열한 3파전 속에서 소수당 후보가 당선되는 곳이 우리 지역구다. 정치를 앞장서 바꾸고 있는 덕양구야말로 대한민국 정치 1번지가 아닌가.

우리 지역구 주민들께서 '왜 심상정을 찍었을까'를 늘 생각한다. 제아무리 탁월한 개인이라도, 또 지역구 민생 잘 챙긴다고 해서 소수당 정치인을 세 번이나 당선시켜 줬겠나? 심상정의 다른 정치가 한국 정치를 바꾸고 주민들의 더 나은 삶을 만들어 줄 거라는 기대가 반영된 것이라고 본다.

구영식 2008년 첫 번째 도전에서는 약 3,800표 차로 아깝게 낙선했다.

심상정 그때가 내가 민주노동당의 비상 대표를 맡다가 또 진보신당으로 분당하는 어수선한 시기였다. 나 대신 내 남편이 분주히 돌아다녔고, 나는 두 달 전에야 지역구 선거운동을 시작할 수 있었다. 그런데 선거 일주일 앞두고 아버지가 돌아가셨다. 내가 상복을 입고 아버지의 빈소를 지키는 동안, 전국적으로 심상정·노회찬은 살려야 한다고 각계각층에서 전폭적인 선거운동 지원이 몰려들었다.

상을 치르는 중인 후보를 대신해 배우 문소리, 권해효, 농구의 박찬숙 등이 달려와 주었고, 최장집, 홍세화, 김상조, 조희연 등 학계와 지식인 계층의 지지 방문도 줄을 이었다. 노원 병에서 박빙의 선거를 치르던 노회찬 대표님도 빈소를 지키고 있는 나를 대신해 유세를 해주셨다. 그 밖에 많은 자원봉사자가 지역과 연령, 성별을 초월해 나를 도와주셨는데 이기지 못했다. 분에

넘치는 성원을 받았지만 이기지 못해 무척 송구스러운 마음이었다.

그러나 한편으로는 낙선하고도 오히려 마음이 후련했다. '내가 여기 와서 골목도 한 번 제대로 돌아보지 않고 당선된다면 그게 오히려 사기지.' 내가 정성이 부족한 탓이라고 생각했다. '앞으로 4년 동안 최선을 다해 보자. 내가 진보정당의 대표주자라고 알려진 사람인데, 여한이 없이 최선을 다했음에도 선택을 받지 못한다면, 그 한계를 겸허하게 받아들이겠노라'라고 다짐했다.

우리 동네에 홍도동이라고 평균연령도 높고 보수세가 강한 자연부락이 있다. 진보정당에서 표를 얻기 굉장히 어려운 곳인데, 그때 낙선 인사로 지역 주민들을 찾아뵈면서 내가 이렇게 말씀드렸다. "제가 홍도동에서 제일 표 못 받았습니다. 그렇지만 서운하지 않습니다. 저는 이 홍도동에서 통해야 대한민국에서 통할 수 있다고 믿습니다. 그래서 앞으로 저는 앞으로 우리 주민 여러분들에게 인정받기 위해서, 믿어주실 때까지 최선을 다할 겁니다." 그렇게 큰절을 드렸다. 그게 내 각오였다.

구영식 낙선 후 4년은 어떻게 보냈나?

심상정 지금 돌이켜보면 그 시간을 굉장히 알차게 보냈다. 보통 낙선자들은 낙선하고 나면 어디 한참 사라져 있다가 다음 선거 임박해서 다시 지역에 나타난다. 그렇지만 나는 낙선자 신분이라도 지역 주민께 약속드린 것들을 가능한 한 최대한 해내고 싶었다. 그래서 만든 게 '마을 학교'였다. 마을 학교 슬로건이 '서로 가르치고 함께 배우고 더불어 실천하는'이다. 지금으로 치면 일종의 교육 플랫폼과 비슷하다. 방학 때 동네에 일본어 능통자 분이 있으시면, 그분이 마을 학교 사이트에다 모집 공고를 올리고, 참가를 희망하는 주민들이 저렴한 참가비를 낸다. 마을 학교가 장소를 제공하면 주민들께서 서로 잘하는 것들을 가르치고 배울 수 있는 지역 커뮤니티를 세운 것이다.

마을 학교에서 가장 인기 있었던 프로그램이 매월 진행된 월례 강좌다. 한 60회 정도 진행했는데, 유홍준·유시민·윤여준·조국·이범 등 명사들의 강연엔 수백 명씩 찾아왔다. 주민들께서 만나보고 싶은 인물이 있거나, 배우고 싶은 분야가 있으면 그에 적합한 명사를 내가 초빙해 강연을 진행한 것이다. 〈이범 선생의 과학 읽기〉 이런 것도 인기가 참 많았다. 마을 학교가 전국적으로 알려지면서 각지에서 정치인들이 찾아와 벤치마킹했다.

특히 놀라웠던 일은 심상정 마을 학교 애니메이션 수업을 통해 만들어진 〈제암리의 나이팅게일〉, 〈색다른 공원〉이 부산 국제 어린이영화제에 초청되어 상영된 것이다. 또 우연히 며칠 전에 화정동에 한 식당에서 밥을 먹는데, 어떤 부부가 와서 반갑게 인사를 건네며 자기 딸이 예전에 마을 학교 애니메이션 작품에서 주인공 역할을 했는데, 그것을 계기로 흥미를 느껴 지금 홍익대 영상 애니메이션 학부에 재학 중이라고 말했다. 무척 반가웠다. 딸의 전화번호를 받아 전화를 걸었다. 올해 졸업 작품 발표회를 할 것 같다고 해서 꼭 초대해달라고 말해 놨다. 심상정의 마을 학교가 한 청년의 진로를 안내해 줬다는 사실에 뿌듯함을 느꼈다. 정치의 보람이 이런 건가 보다 싶었다.

구영식 우리 딸도 미대에 다녀서 그런지 참 훈훈한 일화다.

심상정 그때 공부도 정말 열심히 했다. 운동과 정치의 차이를 이해하는 직업 정치인으로서 재무장될 필요성을 강하게 느낄 때였다. 그래서 홍대 앞에 사단법인 '정치 바로'를 세웠다. 정태인이 소장을 맡아주었고, 김상조·조희연 교수·임순례 영화감독 등이 이사로 힘을 실어주었다. 현역의원이 아니었던 나는 여기저기 부지런히 강연을 다니며 재정적 뒷받침에 나섰다. 그때 박상훈 박사가 강연한 걸 묶어서 낸 책이 『정치의 발견』이다.

또 국가적 관점에서 정치를 고민하기 위해 헌법을 6개월 동안 공부했다. 그때 도와준 분이 임지봉 교수(서강대 법전원)였다. 원래는 조국에게 요청했는데 조국이 자기는 형법 전공자이지 헌법 전문가가 아니라며 헌법 전문가인 임지봉을 소개해 줬다. 그때 내가 노트에 필기한 것만 해도 3권이나 될 정도로 정말 정성껏 공부했다. 정태인에게선 폴 크루그먼의 『경제학 원론』 교육을 받았다. 솔직히 그건 정말 어렵고 재미없었다. 원외에 있던 4년간 정말 정치가로서의 기초를 아주 탄탄히 쌓았다.

구영식 낙선 기간이 오히려 재기의 발판이 된 듯하다. 지역구를 비롯해 여기저기를 분주히 누빈 것 같다.

심상정 고양 갑은 원래는 유시민의 지역구였다. 유시민은 '국회의원은 나랏일을 하는 사람이다. 지역구 경조사에 눈도장 찍으러 다니는 일은 국회의원 본령에 어긋나는 일이다'는 철학을 갖고 있었다. 내가 비례대표일 때는 그

이야기에 크게 공감했었다. 왜냐하면 국회의원이 어려운 사람들 상담하고, 현장에 가서 투쟁을 지원하고, 좋은 법안 만들고, 정부를 감시하고 견제하는 일만 해도 할 일이 쌓여 있는데 지역구 행사를 도는 것은 매우 소모적이라고 생각했다.

그런데 2008년 낙선이 나에게는 반면교사가 됐다. 그때만 해도 지역에서 양당은 자기 텃밭만 다니지 상대당이 주관하는 행사에는 잘 가지 않았다. 벌써 상대편이라 규정해 버리니까. 하지만 나는 아무런 기반도 없었기 때문에 어디나 다 다니면서 인사드렸다. 어떤 선입견도 없이 원점에서 주민들과의 대화를 시도했다. 그런 과정에서 거칠게 정치를 비난하고, 정당 지지자들 간에 설전이 왕왕 있기도 했다. 그런데 이렇게 성을 내는 분들도 한 꺼풀만 더 밑으로 내려가면 진짜 유능하고 정직하고 성실한 정치인이 있다면 정파와 상관없이 지지해 줄 의사가 있다는 것을 알게 되었다. 정치 냉소에 빠진 듯 보여도 시민들의 내면에는 정파와 이념을 초월해 좋은 정치에 대한 열망이 크다는 것을 확인하게 된 것이 오늘날 정치인 심상정을 있게 만들었다.

그래서 생각을 고쳐먹게 됐다. 진보정치인일수록

지역구는 꼭 해봐야 한다고 본다. 진보정당은 미래의 앞서가는 이야기를 하는 만큼 독단에 빠지기 쉽다. 권력도 자본도 없는 진보정당의 유일한 힘이 시민들의 지지와 연대다. 그렇기에 시민과 멀어지면 급격하게 힘을 잃는 게 바로 진보정당이다. 지역구를 해보면 딱 반보만 앞서서 시민과 함께 가는 법을 배울 수 있다. 그런 점에서 지역구는 민심과 당심의 거리를 파악하고, 그 거리감을 판단하고 조절하는 데 매우 중요한 정치 공간이라는 것을 배웠다. 특별한 말을 주고받지 않아도 지역의 결혼식장이나 행사에 참석하면 그 분위기만 보고도 민심을 대번에 알 수 있었다. 나는 그래서 종종 내 정치적 판단에 대한 의문이 들 때 지역구 분들을 만나면, 복잡하던 생각이 단번에 정리되는 경우가 많았다. 우리 지역구는 언제나 내게 초심을 일깨워 주는 공간이다.

구영식   중앙 정치도 그렇지만 지역구도 기득권 구조가 강하게 작동하는 공간인데, 지역구 3선이 진보정치인 심 의원에게 어떤 영향을 줬나?

심상정   '진보정당이 현실적인 대안 정당으로 수권정당으로 대한민국에서 통할 수 있나?' 하는 의문이 있었다. 지역구 당선이 그 의문에 답을 주었다. 지역민과 더 부지런히 만나고, 더 깊게 대화하고 때론 설득해 가며 진심을 다해 호소하다 보면 결국엔 통한다. 진보를, 진보의 비전을, 진보의 유능함을 인정해 줄 거라는 확신이 생겼다. 우리 덕양 주민들께서 두 개의 점퍼 중 하나를 고른 것이 아니라 진보정치의 노란 점이 되기를 자처해주신 덕에, 내가 진보정치의 리더로서 할 말 하는 심상정으로 성장할 수 있었다고 생각한다.

6-2 집권보다 더 큰 꿈을 꾸면서

구영식 진보정당의 후배 정치인들이 심 의원의 지역구 관리법에 대해 굉장히 배우고 싶을 것 같다. 지역구와 관련한 몇 가지 사례를 말해줄 수 있나?

심상정 집권 가능한 진보정당을 만드는 것은 내 오랜 염원이었다. 당을 이끌 때도 늘 우리가 집권하면 어떤 비전과 정책으로 이끌어 나갈 것인지, 섀도 캐비닛은 어떻게 꾸릴 것인지, 오로지 집권이 기준이었다. 상임위 활동을 할 때도 마찬가지로 집권을 기준으로 했다. 비판 세력과 수권 세력의 차이는 대안 제시의 여부다. 문제 제기에만 안주하지 않고 통계와 데이터, 정확한 법률을 기반으로 대안 제시까지를 원칙으로 삼고 질의했다. 보좌관들의 보고서도 통계와 데이터가 없으면 받질 않았다. 지역구도 마찬가지라고 생각했다. 내 지역구는 단순히 국회의원 1명의 지역구 이상의 의미를 지녔기 때문이다. 나는 만약 진보가 집권하면 어떤 식으로 국가를 운영할지를 시민들이 내 지역구를 근거로 판단할 것이라고 보고 남다른 사명감으로 지역구를 관리했다.

구영식 오랫동안 심 의원을 보좌했던 신언직 정의당 사무총장도 "노조 시절부터 오랫동안 겪어본 결과 심상정은 굉장히 노력하는 사람이다. 노회찬이 큰 판에서 발 빠르게 행보한다면 심상정은 국면 국면마다 아주 정교하게 승부를 보는 스타일이다"라고 평가했다.

심상정 우선 지역 주민으로부터 진보정당의 정치인들은 이상주의자고 운동권 출신은 과격하다는 편견을 불식시키게 된 계기를 소개하고 싶다. 지역구 국회의원으로서 처음 따온 예산이 바로 고양경찰서 민원동 증축 예산이다. 국회의원 후보로서 경찰서에 인사차 방문했는데, 글쎄 경찰들이 사무공간이 모자라서 경찰서 마당에 컨테이너 박스를 깔고 그 안에서 열악하게 일을 하고 있었다. 좋은 근무 환경은 좋은 대민 서비스로 결국 주민께 돌아간다는 믿음이 있었다.

그런데 예산 심사 기일이 정말 촉박했다. 하필이면 당시 유정복 안전행정부 장관이 해외 출장 중이었다. 할 수 있는 데까지 끝까지 해보자는 마음으로 장문의 문자를 진솔하게 적어서 보냈다. 그런데 해외에서 하루 만에 전자결재를 통해 예산안이 올라가게 되었다. 나도 깜짝 놀랐다. 유정복 장관과는 사적으로 대화 한 번 나눠보지 않은 사이여서 기대를 별로 하지 않았기 때문이다. 나중에 유 장관은 전화 통화에서 경찰공무원을 위하는 심 의원의 진심이 느껴져서 마음이 움직였을 뿐이라고 답해 주었다.

지역 주민들께서 깜짝 놀라시며 호평을 보내주셨다. 보통 노조와 경찰은 집회 현장에서 좋지 못한 관계로 만나기 일쑤인데, 노조 출신 의원이 경찰 예산부터 챙겼다니까 신선한 인상을 주었다는 것이다. 심상정이 노동자들의 배타적 이익만 고집하는 편협한 운동권 정치인인 줄로만 알았는데, 그게 아니라 공적 가치와 헌신에 대한 높은 감수성을 바탕으로 시민들의 보편적 권리를 위해서도 애쓰는 정치인이라는 믿음을 갖게 되었다고 하셨다.

구영식 지역구 사업은 오히려 진보정당 심 의원에게 배워야
겠다.

심상정 지역구 3선 기간 동안 내 활동의 캐치프레이즈는 '이제
는 덕양시대'였다. 우리 세대는 고양시 하면 주로 원당
을 떠올렸다. 그런데 신도시가 들어선 다음에는 일산
이 더 유명해졌다. 고양시는 덕양과 일산으로 구성되어
있는데, 1기 신도시 개발을 계기로 고양시의 모든 인프
라가 일산에 집중되었다. 대부분의 덕양 주민들이 박탈
감을 가지고 있었다. 특히 고양시 구도심이었던 원당은
많이 낙후되어 있었다. 나는 지역구를 돌아보며 내가
앞으로 참 할 일이 많구나, 내가 고양 갑에 보낸 신의 뜻
이 있었나 보다 생각했다.

덕양시대를 열기 위해 가장 먼저 갖춰야 할 것이
교통 인프라, 그중에서도 철도였다. 대부분의 철도도
일산 쪽에 집중되어 있었다. 소외된 경기북부 지역의
국회의원을 하다 보니 예비타당성 조사의 허구성에 대
해 생각하게 된다. 인프라가 있는 곳에 사람이 몰리고,
사람이 몰려서 예타(예비타당성 조사)가 잘 나오고, 그럼
다시 더 많은 인프라가 집중된다. 이 악순환을 거치며

지역불균형 발전이 이뤄지는 것이다. 예비타당성 제도 자체가 빈익빈 부익부를 증폭시키는 낡은 기준이다.

경기북부의 경우에 그린벨트와 접경지역 등 안보상의 이유로 오랫동안 중첩된 희생을 감당해 왔지만, 특별한 보상은커녕 오히려 예타 제도의 희생양만 돼왔다. 무엇보다 철도는 기본권이다. 고양시에서 GTX를 타고 강남까지 20분 만에 갈 수 있는 사람과 자동차로 2시간씩 오가는 사람 사이에는 경쟁력의 차이가 있을 수밖에 없다. 비용 논리에만 의존하는 예타 제도는 개선되어야 한다. 시민들 간의 교통 기본권 격차 해소의 관점에서 철도 사업이 이뤄져야 한다는 점을 거듭 강조했다.

나는 덕양의 철도 교통 인프라를 구축하기 위해 각고의 노력을 다했다. 그 결과 서해선 대곡-소사 구간 개통, 24년 가을 교외선 재개통, GTX-A 창릉역 신설, 통일로선 용역 착수, 고양선 기본계획 확정 등을 이뤄냈다. 작년 말에 확정된 고양선 기본계획에는 도래울역 신설과 화정역의 환승역 승격이 포함됐다.

구영식 대곡-소사선 개통식은 야당 의원을 초청했다 취소하고, 지적받고 다시 번복하는 촌극이 벌어졌었다. 심 의원은 현장에 참석했나?

심상정 작년 가을에 개통된 대곡-소사선 개통을 둘러싸고 윤석열 정부와 촌극이 빚어지기도 했다. 대곡-소사선은 나와 고양·부천의 국회의원들이 지난 10여 년간 개통을 위해 많은 애를 써서 얻은 결실이었다. 광역철도를 일반철도로 전환하고, 관련 지자체 간 비용 부담도 조율하고, 국비 425억 원을 만들어 내기까지 많은 수고가 필요했다. 그런 대곡-소사선 개통식에는 당연히 참석할 예정이었다.

그런데 갑자기 초청받은 다음 날, 국토부로부터 오지 말라는 통보를 받았다. 김동연 경기도지사는 패싱당했고 고양-부천 민주당 의원들의 초청은 취소됐다. 서해선의 한 구간이 개통되는데 굳이 대통령이 오겠다는 것도 이상했다. 고양과 부천은 국민의힘 현역 의원이 단 한 명도 없는 지역구였다. 공교롭게도 나는 상임위원회 현장에 출석한 원희룡 장관에게 고양시 출마를 위해 사전 선거운동을 하려는 것 아니냐며 해명을 요구했다.

우여곡절을 겪으며 참석한 개통식은 가관이었다. 행사장에는 윤석열 대통령과 원희룡 장관 이외에도 김기현 국민의힘 대표, 국토위 소속 여당 의원들, 그리고 국민의힘 지역당협위원장들이 줄지어 참석해 있었다. 대곡-소사선은 야당 의원들이 이뤄낸 사업인데, 오히려 우리가 불청객이 된 느낌이었다. 국민의힘 전당대회처럼 변질된 개통식을 보면서, 많은 국민들께서 분노했다. 앞으로가 걱정이었다.

구영식 심 의원은 사범대 출신이라 교육에 남다른 관심이 있는 것으로 알고 있다. 혁신교육을 지역구 공약으로 최초로 제시했다고 보도된 바 있는데, 사실인가?

심상정 살기 좋은 도시가 되려면 무엇보다 교육이 좋아야 한다. 나는 정치인을 하지 않았다면 교사가 되려 했을 만큼 교육에 관심이 많은 사람이다. 지역구에 처음 도전했던 2008년 당시는 전국적으로 특목고 바람이 불 때였다. 나를 제외한 경쟁 후보들이 모두 특목고 공약을 내세웠지만 나는 일반 공교육을 핀란드형 혁신교육으로 바꾸겠다는 공약을 냈다. 내 선거 참모들은 선거를 포기할 작정이냐 걱정을 늘어놓았다.

　나는 교육이 우리 사회 불평등의 핵심인 만큼, 우리 아이들 85% 이상이 다니는 공교육을 내실 있게 만드는 것이 중요하다고 봤다. 2008년 기준으로 우리 지역구에서 고양외고에 다니는 학생은 딱 한 명뿐이었다. 그럼에도 고양시는 외고 기숙사를 짓는 데는 20억씩 줬지만 일반 학교에는 1억도 주지 않았다. 나는 85% 고양시 아들딸들의 더 좋은 교육을 위해 예산을 더 써야 한다고 힘주어 말했다. 당시 사교육 최고 스타강사에서 공교육 혁신전도사가 된 이범 선생은 직접 지역구에 내려와 학부모들과 모임 하고 대화하면서 전폭적으로 힘을 실어주었다.

구영식 교육 관련 대표적인 사례가 있다면 소개해달라.

심상정 나는 당선된 이후에 제일 먼저 아이들 교육환경 개선에 심혈을 기울였다. 학교 신설과 증축을 위해 많이 노력했다. 그중에서도 신원고등학교 신설 과정은 두 번이나 교육부 심사에서 탈락했을 만큼 지난했다. 당시 교육부는 학교총량제라는 낡은 기준에 따라 인구절벽과 덕양구 내의 타 학교 분산 배정을 근거로 거부했다. 이미 통일로변 인근 학교는 포화였고, 관내 다른 학교로 배정받을 경우 청소년들은 교통이 불편해 막대한 통학시간을 써야 했다.

우리는 학령인구 증감과 통학 거리를 비롯해 새로운 기준을 제시했다. 이를 뒷받침하기 위해 관내 초등

학교와 고등학교 간 통학 거리, 시간, 교통비는 물론, 학교 신설 시 절감되는 통학 거리와 시간, 그리고 비용을 모두 추계해 설득자료를 만들었다. 이 객관적 자료를 근거로 담당 주무관부터 팀장, 과장을 거쳐 김상곤 교육부총리까지 설명과 설득의 과정을 밟았다. 그 결과 21년 3월에 신원고가 개교했고 이때 입학한 친구들이 이번에 첫 수능을 치렀다.

또한 지역구 관내 초중고 모든 학교에 다목적 체육관이 완비됐고 노후된 화장실, 급식실 등 교육환경을 개선했다. 그런데 딱 한 곳의 숙제가 남아있었다. 146명의 장애학생들이 다니고 있는 특수교육기관 명현학교였다. 5년 전 '세상을 향한 울림'이라는 학교 축제에 초대를 받은 자리에서 "우리 아이들에게 실내 체육관이 꼭 필요하다. 부지 문제가 해결되면 꼭 도와달라"는 부탁을 받았다. 내 지역구 소재의 학교는 아니었지만 신체장애가 사회적 장애가 되지 않는 사회를 위해 흔쾌히 약속드렸다. 이번에 5년 만에 그 숙제를 풀었다. 우리 명현학교 친구들이 체육관에서 안전하게 체육활동을 하는 모습을 떠올리면 가슴이 뿌듯하다.

구영식 고양시 최대 지역 현안이 시청 이전 문제라고 들었다.

당초 덕양구에 원당 청사로 지어지기로 한 신청사 계획이 고양시장이 바뀐 뒤 일산의 백석 요진빌딩으로 변경되었다고 들었다.

심상정 이동환 고양시장이 추진한 신청사 이전 시도는 우리 지역 주민들의 완강한 투쟁으로 사실상 물건너 갔다. 문제는 원안대로 원당에 신청사를 추진이 하루빨리 이루어지는 것이다.

고양시가 108만 대도시로 급성장하면서 약 40여 년 전 고양군 시절에 지은 청사가 낡고 비좁아 신청사 건립이 추진됐다. 이미 덕양 원당 청사로 행정절차의 90% 이상이 종료된 상태였고, 시민 혈세 68억 원이 집행된 상황이었다. 그런데 국민의힘 이동환 시장이 당선되고 나서 급작스레 기부채납으로 받은 일산의 백석동 요진빌딩으로 군사작전 치르듯 이전이 결정되었다. 시민과 시의회와 어떠한 사전협의도 없는 일방적 폭주였다. 시장 바뀔 때마다 시청을 바꿔야 한다는 자조가 주민들 사이에 빗발쳤다.

고양시청은 일산 신도시가 모든 것을 흡수해버린 시대에도 덕양구에 남아 있던 것이다. 시청은 덕양 주민들의 자존심이고, 시청을 중심으로 형성된 상권은 덕양 상인들의 삶터이기도 하다. 시청마저 일산으로 옮긴다면 고양의 균형발전 자체를 훼손시키겠다는 것이었다.

수시로 시민들과 시청 저지 운동에 함께했다. 경기도 국정감사 때는 김동연 경기지사에게 신청사 일산 이전 투자심사를 반려해야 하는 이유를 구체적인 법률과 행정 조항을 조목조목 근거로 들어가며 강력하게 요구했다. 두 차례 경기도 투자심의위원회가 두 차례 연기되는 등 진통을 겪은 끝에 경기도는 재검토를 요청하며, 투자심사를 사실상 반려했다. 경기도가 덕양 주민의 뜻을 받들어 고양시장의 독단적인 시청 이전 계획을 사실상 저지한 것이다.

정의당, 국가의 부지런한 왼손

7-1 자부심과 자모인모

구영식 사실 인터뷰를 통해 심 의원이 구로공단에 직접 가서 일하며 노동운동을 했다는 사실을 처음 알게 되었다. 보통 사람들은 잘 모르는 사실 같다.

심상정 대학교 1학년 때 우연히 읽었던 『전태일 평전』, 그 당시는 불온도서고 금서라서 정식 출판본도 아니고 타이핑으로 쳐서 두 권으로 분철된 것을 골방에서 몰래 읽던 때였다. 제목도 『어느 청년 노동자의 삶과 죽음』이었다. 노동자들이 이렇게 살고 있다고? 정말 충격적이었다. 그러다 야학을 가르치는데 일 때문에 자꾸만 빠지는 친구들이 있었다. '도대체 얼마나 바쁘길래 자꾸 빠지지?' 해서 방학을 틈타 따라 들어간 공장에서 내 삶이 180도 뒤바뀌었다.

원래라면 학교 다녀와서 가방 던져놓고 부모에게 어리광도 부리고 해야 할 그럴 나이의 어린 소녀들이, 잠 깨는 약을 먹어 가며 철야를 밥 먹듯이 하다 너무 피곤한 나머지 깜빡 졸아 프레스기에 고사리 같은 손이 빨려 들어가는 사고들을 자주 목격했다. 그걸 보고 놀란 나 역시 미싱 바늘이 검지를 타고 올라가 손이 퉁퉁 부었다. 슬퍼하고 아파할 겨를도 없이 소독약만 대충 뿌리고 40도가 웃도는 찜통 속에서 더위 먹어 가며 일해야 하던 시절이었다.

나이 든 관리자에게 이년 저년 욕먹으며 눈물을 흘리던 소녀들의 모습, 입구에 연탄 화덕 하나 방안에 비키니 옷장 하나 놓은 월세 3만 원짜리 3평 '닭장집', 거기서 월급 8만 원을 받는 소녀 셋이 칼잠을 자며 살다 많이들 웃고 또 연탄가스 사고로 많이들 죽었다. 그 돈을 아끼고 또 아껴서 집에 생활비를 보태는 공순이들, 공돌이들의 삶. 이렇게 순박하고 정직한 노동자들의 땀이 대접을 받고, 열악한 현실이 개선되는 정의로운 세상을 꿈꿨다. 대한민국에서 가장 많은 사회적 기여를 하지만, 정치적으로 가장 무권리했던 노동자들이 제대로 시민권을 발급받는 것이야말로 진정한 민주주의라고 생각했다.

구영식   심 의원의 구로공단과 정치개혁이 교차되는 지점 같다.

심상정   그 뒤에는 구로동맹파업의 주동자로, 대한민국 최장기 여성수배자 '가명 김혜란'으로 살았다. 당시 현상금 500만 원과 1계급 특진이라는 파격적인 조건을 내걸었지만 경찰들은 나를 잡지 못했다. 내가 뭐 변장술이 특히 뛰어나다거나 용의주도해서 경찰이 못 잡은 게 아니었다.

당시에는 여성들의 사회생활이라곤 결혼과 동시에 끝이 났을뿐더러, 평범한 여자 얼굴이 그만그만하다고 봤다. 막상 나를 잡았을 때 경찰들이 떼로 구경을 왔는데 너무 평범해서 놀라했다. 경찰들이 이실직고하기를, 남자는 몽타주만 봐도 멀리서도 금방 알아보는데, 여성들은 몽타주를 아무리 익혀도 알아볼 수가 없다는 거다. 그때까지도 우리 사회에는 '여성의 사회적 얼굴'이 없었다는 것이다.

그 뒤 나는 전노협의 쟁의국장과 조직국장으로, 금
속노조의 사무처장을 맡으며 도합 25년을 노동운동가
로 살았다.

구영식　노동운동을 그렇게까지 오래 할 수 있었던 비결이나 원
동력은 무엇이었나?

심상정　나는 특별히 이념에 감화되었다기보다 일하는 사람들
의 평범한 삶에 특별한 애정이 있었다. 민주노동당 비
례대표 1번으로 국회의원이 됐을 때, 많은 기자들이 물
었다. "얼마나 이념이 투철하길래 그렇게 오래 노동운
동을 하셨나?" 나는 그 말이 너무도 생소했다.

　　또 동구권이 붕괴했을 적 크게 좌절한 김문수가 나
를 찾아온 적이 있다. 김문수가 내게 노동운동은 끝났
고 민주노총은 안 만들어질 거라며 민중당에 함께할 것
을 권했다. 그때 나는 김문수를 쏘아보며 "정치적으로
소외되고 경제적으로 어려운 우리 시민들의 삶이 하나
도 변한 게 없는데, 소련 공산주의가 망했다고 왜 내가
노동운동을 그만둬야 하죠?"라고 반문했다.

구영식　노동운동을 하며 뿌듯했던 순간이 여러 가지 있을 텐
데, 그중 하나를 소개해 줄 수 있나?

심상정　2003년에 금속노조 중앙교섭을 통해, 주 40시간제 합

의를 이끌어 냈을 때다. 이렇게 노사의 자발적 합의가 이루어지자 국회가 바로 주 5일제를 법제화했다. 국민 여러분께 쉼 있는 주말을 선물하는 데 일조할 수 있어서 몹시 기뻤다. 당시에 재계에서 공산주의니, 나라가 망하니 하며 떠들었지만, 지금은 주말 덕분에 대한민국이 문화, 예술, 레저, 관광 등 더 잘 되었다고 본다.

성숙된 '노사 민주주의'가 우리 사회 개혁의 견인차가 될 수 있음을 보여 주는 대표적인 사례라고 본다. 노동시간 단축의 역사에 있었던 나의 경험을 바탕으로 지난 대선 때 '주 4일제'의 깃발을 높이 치켜든 것이다. 지금 대한민국이 갈 길은 69시간 노동제가 아니라 주 4일제를 앞당기는 것이다.

특히 모든 노사 대화를 모조리 불법으로 규정하고 곤봉과 수갑을 앞세워 '노사 법치'를 운운하는 윤석열 대통령에게 민주주의는 대화와 타협이라는 것을 알려 주고 싶다.

더 나아가 노동운동과 정치권력의 만남이 우리 사회에 가져다줄 긍정적 변화의 가능성과 잠재력을 느낄 수 있었다. 운동과 정치는 사회변화를 위해 모두 필요한 것이다. 그러나 운동은 요구하는 것이라면, 정치는 권력을 통해 해결하는 책임이다. 진보정당이 '정의로운 권력'을 키워서 '국가의 왼손'을 강하게 움켜쥘 때, 정의로운 복지국가에 도달할 수 있다.

버락 오바마 미국 대통령이 진보적인 것과 정치적인 것 사이에는 작은 오솔길만 있다고 말했는데, 우리는 그 오솔길을 대로와 연결해 우리 사회의 수많은 변방의 시민들과 다 함께 중심부로 향하겠다는 것이었다. 우리는 집권보다 높은 꿈을 꿨다. 집권은 그 수단이었다. 정치인이 꽃길을 가면 국민들이 가시밭길로 내몰리고, 정치인이 가시밭길을 가야 국민이 꽃길을 갈 수 있다는 마음으로 지금까지 그 꿈을 놓지 않고 버텨 왔다.

구영식 그러나 최근 들어 정의당의 존재감이 급격히 사라지면서, 진보정당의 지지자들이 많이 위축되어 있다는 인상을 받고 있다.

심상정 작지만 진보정당이기에 만들어온 성과가 적지 않았다. 상가임대차보호법 제정과 신용카드 수수료 인하, 대형마트 규제, 친환경 무상급식, 중대재해처벌법 등 진보정당의 등장으로 우리 사회에 민생정치가 본격화됐다. 또 호주제 폐지, 장애인 차별금지와 저상버스 도입, 그리고 국회 특수활동비 폐지 등 사회적 약자들의 권리 확대와 기득권 특권 폐지의 새로운 장을 열어 왔다. 무엇보다 노동과 노동자, 복지국가, 소수자와 인권, 기후위기, 공공임대주택 등의 의제를 변방에서 우리 정치의 한복판으로 불러들였다. 우리 사회의 노동자와 사회적 약자의 삶이 조금이라도 개선된 게 있다면, 그 앞에 반드시 진보정당의 헌신이 있었다는 점을 환기하고 싶다.

나아가 지난 시기 양당 사이를 뚫고 등장했던 자유선진당, 창조한국당, 국민의당, 바른미래당 등 제3당은 모두 사라졌다. 공천 탈락자들의 지분 거래용 떴다방이었거나 양당에서 잠시 분화되었다가 선거가 끝나면 재흡수되기 일쑤였다. 그러나 양당의 거친 협곡을 헤치고 24년을 이어 가며 독자성을 유지한 정당은 우리가 유일하다. 우리가 이렇게 험난한 정치의 불모지에서 버틸 수 있었던 것은 우리가 꾸는 꿈이 세상에 반드시 필요하다는 강력한 믿음이 있었기 때문이다. 고난을 알고 시작한 길이어서 대단하고, 고난에 굴하지 않고 포기하지 않았기 때문에 대단한 것이다. 진보정치 24년은 우리의 자부심이다.

구영식 그렇지만 진보정당의 긴 역사를 기준으로 생각하는 심의원과 달리, 내가 느끼고 있는 정의당에 대한 민심은

'무관심'과 '적대감'이다. 대체로 진보정당에 우호적인 분들인데도 무관심이나 적대감을 보인다. 정의당으로서는 참으로 난감한 민심이다.

심상정 그 마음을 가슴 아프게 잘 알고 있다. 그분들의 대다수가 정의당에 기대를 걸었던 분들이라고 생각한다. 정의당에 표를 주거나, 표를 주진 못하더라도 당비를 내고 선거를 돕고 후원금을 내며 물심양면으로 지원했기 때문에 생기는 것이라고 생각한다. 그렇게 몸과 마음을 다해 도왔던 정의당의 미래가 불투명한 상황이 더더욱 받아들이기 힘드셨을 것이라고 본다. 반드시 미래를 열어서 상심한 마음에 위로를 드리고자 한다.

우리가 정치를 하면서 오류도 있었고 어쩔 수 없는 한계에 부딪혀 멈춘 적도 많았다. 그러나 우리 당의 역사는 박봉 쪼개서 당비나 후원금을 낸 수많은 당원과, 지지자들의 헌신과, 휴가를 반납하며 거리에 나와 피케팅했던 당원들의 열정과, 전월세금 빼서 어려운 선거에 도전하는 헌신을 통해 가까스로 만들어 온 눈물과 땀방울로 빚은 자존의 역사다. 그 역사가 오늘의 우리를 만들어 왔다고 믿는다. 대개 더디고 때론 좌초하지만 진보정당의 길은 늘 미래를 향해 전진하고 있다는 말씀을 드린다. 다만 과도한 자기 비하로 다른 사람들로부터 업신여김을 자초하는 '자모인모'는 지혜롭지 않다는 말씀을 꼭 드리고 싶다.

7-2 심상정인데, 그 정도로 싸워서 되겠어?

구영식 '윤석열 대통령의 시간'이 집필 시점을 기준으로 1년 6개월 정도 지났다. 소감이 어떤가?

심상정 한마디로 거대한 퇴행이다. 대통령 취임 5개월 만에 전광석화 같은 속도로 종부세 완화-공정가액 40% 인하, 재초환(재건축 초과이익 환수제) 완화의 '집부자 특혜 패키지'가 시작됐다. 구시대적인 법인세 인하로 역대급 세수 감소를 초래했다. 주 69시간 노동제로 청년이 절망하는 '과로사kwarosa 공화국'으로 국제적 망신을 초래했고, 합계출산율은 0.78을 넘어 23년 3분기 0.7까지 기록했다.

통상국가의 30년지계 국가대전략을 포기하고 미중 신냉전의 한복판에 작은 우산 하나 들고 무모하게 뛰어들었다. 건폭몰이를 비롯해 노동혐오를 넘어서 곤봉과 수갑으로 노동자들을 핍박하고 있다. 언론 장악 기도는 너무나도 노골적이라 KBS 시사 프로그램의 경우 진행자들이 시청자와 작별인사조차 하지 못하고 쫓겨나갔다. 특히 이태원 참사가 정점이었다. 서울 도심 한복판에서 159명의 무고한 시민이 죽었는데, 어느 하나도 잘못한 사람 없고 그 누구도 책임지는 사람이 없다. 사람의 탈을 쓰고 이렇게 뻔뻔할 수가 있나. 양평고속도로 종점 변경 및 김건희 여사 일가의 특혜 의혹이 강하게 제기되며 국토위가 연일 불타올랐다.

구영식　주변을 둘러보면 윤석열 정부가 정책적 후퇴를 넘어 시대적·역사적 퇴행까지 가고 있다는 비판 속에서 "그래서 심상정은 요새 뭐 하냐?", "심상정 어디 갔냐?"는 말도 심심치 않게 들려온다.

심상정　만나는 분들마다 윤석열 정부를 도저히 견디기 힘들다고 하소연하신다. 요새 왜 TV에도 안 보이고, 전면에 나서서 싸워야 하지 않나? 정의당이 존재감이 없다. 정의당이 선명야당으로서 투지를 하루빨리 회복해서 어떻게 좀 해 보라는 이런 답답함을 토로하신다.

　　저는 한동안 성찰의 시간을 가졌다. 정치를 시작한 이래 어떤 당직도 맡지 않은 시간이었다. 당대표 시절

중앙정치의 능선 위에서 종횡무진하던 모습을 많은 분들께서 그리워하시는 것 같다. 당대표 시절만큼 언론에 많이 비치지는 않지만, 후쿠시마 오염수 방류·양평고속도로·이균용 대법원장 인사청문회·깡통 전세 등 의정활동과 상임위 활동을 통해서 윤석열 정권의 민생파탄에 강력하게 맞서 싸우고 있다. 지금 정의당이 전열을 재정비하고 있다. 정의당과 함께 전선에 나서 더 적극적으로 복무할 계획을 갖고 있다.

구영식 정의당이 검찰개혁이나 김건희 여사 일가 관련 이슈에는 굉장히 소극적이라는 비판도 존재한다. 동의하나?

심상정 그런 비판적인 문제인식으로 탈당한 당원도 꽤 있는 것으로 알고 있다. 결론부터 말하면 김건희 여사 이슈에 소극적인 것이 아니라, 정무적인 판단에 미숙함이 있었다고 생각한다.

　　잘 알려지진 않았지만 김건희 여사 특검과 관련해 당내 두 가지 논점이 있었다. 첫 번째 하나는 줄리 등 김건희 여사가 공직자 부인이 되기 이전의 의혹 등을 다 특검에 담아 역공의 빌미를 제공할 수 있다는 점이었고, 두 번째는 김건희 특검이 이재명 방탄용으로 오해되지 않아야 한다는 것이었다.

첫 번째 부분은 민주당과 충분히 협의가 가능한 부분이었다. 이후 민주당 박홍근, 우리당 배진교 원내대표 간 소통을 통해 내용을 조정해 특검에 함께할 수 있었다. 진즉에 이견을 조정해서 특검 공동발의를 할 수 있었음에도 정무적인 미숙함으로 많은 오해를 낳고 수없이 해명을 해야 하는 상황이 된 것에 대해, 나도 불편하고 속상했다.

두 번째 부분에 대해서는 민주당과 이견이 있었지만, "김건희 특검보다 이재명 체포동의안이 먼저다"라고 말한 당시 청년정의당 대표의 사견이 마치 당의 입장처럼 부각되어 오해를 증폭한 측면이 있었다.

다시 한 번 말씀드리지만 김건희 여사의 비리와 특혜, 그리고 일탈에 대해서 나와 정의당은 누구보다도 단호하게 책임을 물을 것이다. 내가 김건희 여사 일가의 양평고속도로 의혹을 두고 가장 날카롭게 맞서는 사람이다. 양평고속도로 논란의 핵심은 사업 목적을 의도적으로 일탈한 채 누가 왜 갑자기 종점 변경을 지시했느냐는 것이다. 엉터리 부풀리기 경제성 분석, 과업지시서 삭제 논란의 진상을 밝히며 거의 엔드게임에 다다랐다고 본다. 곧 사건의 전모가 국민 여러분 앞에 밝혀

질 것이라고 본다. 더 분발하겠다.

구영식 이재명 대표의 체포동의안에는 찬성하는 대조적인 모습을 보였다.

심상정 국회의원도 불체포특권을 내려놓고 일반 시민들과 똑같이 법원에서 구속적부심을 받아야 한다는 우리의 오래된 원칙을 고수하는 것이 마치 이재명 대표를 구속하라는 것처럼 받아들여질 때, 참으로 당혹스러웠다.

국회의원 불체포특권 포기는 우리의 오래된 공약일 뿐만 아니라, 문재인 대통령, 이재명 대표도 누차 천명한 대선공약이었다. 즉 민주진보 진영 공통의 개혁과제였다. 이정미 대표가 심상정 체포동의안이라도 찬성할 것이라고 말했듯이, 우리는 이 원칙을 세운 이래 진보정치인의 체포동의안까지 포함해 모든 체포동의안에 일관되게 찬성해 왔다.

구영식 그런데 국회의원 불체포특권을 두고 헌법에 정해진 권리를 특권이라고 얘기할 수 있나?

심상정 국회의원 불체포특권이 나온 맥락 자체가 군사독재 시절 야당 정치인들을 납치하고 고문하던 엄혹했던 역사에 기반했다. 그러나 평화적인 정권교체가 가능해지면서 폐지되어야 할 특권으로 규정한 것은 나와 정의당만의 생각이 아니었다. 민주진보 진영의 일치된 합의다. 극단적인 대결 정치 상황이 강화된다고 해서 불체포특권이 내로남불의 대상이 되어서는 안 된다고 생각한다. 그 생각에는 변함이 없다.

구영식 민주당 2중대론의 트라우마가 있겠지만 민주당과의 반윤석열 연합에 대해서는 어떤 입장인가?

심상정 지금 민주당도 정의당도, 다른 야당도 윤석열 정권의 무능과 실정에 최선을 다해서 싸우고 있다. 그동안 후쿠시마 오염수 방류, 김건희 양평고속도로 및 특검, 홍범도 장군 흉상, 이상민 행안부장관 및 이동관 방통위원장 탄핵 등 굵직한 현안에 대해서 공조를 안 한 것이 없다.

그런데 '반 윤석열 연합'이 어떤 것을 의미하는지는 좀 더 명확히 할 필요가 있다. 민주당 텐트에 다 들어오라는 것인가? 아니면 공동의 텐트를 새로 치자는 것인가? 민주당의 어젠다와 타임스케줄 등 민주당이 정한 전략에 무조건 동참하라는 말은 아닐 것이라고 본다. 연합정치의 제도화를 위해 앞서 온 사람이 나다. 민주당이 다양한 정당들의 힘을 모아서 윤석열 정부에 제대로 맞서고자 한다면, 정치 연합에 대한 책임 있는 협력

방안을 제시해야 할 것이다.

구영식 그런데 심 의원과 정의당이 현재 벌이는 윤석열 정부에 대한 투쟁에 대해서 국민들께서 완전히 만족하고 계신 것 같지는 않다. 기대치가 커서 그런가?

심상정 "심상정이 그 정도로 싸워서 되겠어?" 하시는 마음이실 것이다. 하루빨리 당의 기력을 회복해 선명한 민생 야 당으로서의 역할을 다한다고 약속드린다. 정의당이 골 리앗을 무너뜨리는 다윗의 돌로 돌아오겠다.

구영식 심 의원이 전면에 다시 나서면 당의 위기를 수습할 수 있다고 보는가?

심상정 나는 이미 20년 총선을 마치고 앞으로 당의 리더십은 잡지 않겠다 국민과 당원께 여러 차례 약속드린 바 있 다. 후배들이 중심에 서고 내가 돕는 당으로 재정비되 기를 바란다. 우리 지역구에서 많은 분들이 '정의당 하 면 심상정인데, 당을 살리든 죽이든 심상정이 끝을 봐 야 하는 게 아닌가?' 이런 말씀을 많이 하셨다. 그런데 또다시 심상정이 당의 전면에 서면 진짜 정의당은 심상 정밖에 없는 당이 된다.

나는 우리 당에 노회찬·심상정 뒤를 이을 역량과 잠재력이 있다고 믿고 있다. 지금 김준우 비대위원장이

애를 쓰고 있다. 서둘러 당이 빠른 속도로 정비되길 바라고, 그와 함께 나도 정치적 역할을 키워서 김준우 체제에 적극적으로 힘을 보탤 생각이다.

구영식 일전에 심 의원에게 "윤석열 정권에 맞서는 가장 좋은 방법이 뭐냐?"라고 물었더니 "국가의 왼손을 더 많이 만들어 내는 것이다. 그것이 진보정당의 역할이다"라고 답변해서 아주 인상이 깊었다.

심상정 나는 정치의 종착점은 민생이어야 한다고 생각한다. 우리가 권력을 잡으려 하는 것도, 정치 투쟁을 하는 것도, 연대와 연합을 하는 것도, 그 모든 정치행위가 시민들의 삶에 도움이 되지 않는다면 무슨 소용인가. 현재의 극단적 대결 정치가 특히 해로운 것은 민생이 떠내려가기 때문이다.

사실 소모적인 대결로 뒷전으로 밀려 있지만, 우리 사회 시민의 삶에 가장 고통을 주고 있는 문제가 바로 깡통전세-전세사기 문제다. 지금 확정된 피해자만 만 명이고, 최대 3만 명까지 확대될 것으로 전망되고 있다. 피해자 중 72%가 청년들이다. 청년들은 그동안 성실하게 번 전 재산을 날리고, 결혼은 미루고 출산은 포기하고 있다. '이대로라면 더 살고 싶지 않다'고 말한다. 저출생이 문제고 청년대책이 시급하다는 것이 진심이라면, 이 사안이야말로 정치에서 가장 우선으로 다뤄야 할 민생 현안이다.

그럼에도 불구하고 전세사기 특별법 개정 논의에서 정부는 빈손으로 임하고 있고, 윤석열 대통령은 아예 관심 밖이다. 민생이 정치의 우선순위가 되기 위해서는 국가의 왼손을 강화해서 균형을 이뤄야 한다는 점이 너무나 자명하다. 이게 정의당의 존재이유고 사명이란 생각을 해 왔다.

사실 전세사기-깡통전세 문제의 파국을 예측해서 문제해결에 나섰다. 2022년 10월 국정감사에서 주택 자금조달 계획서 161만여 건을 전수조사해 깡통전세 고위험군과 위험군을 지역별로 세대별로 나눠서 보여 주며, 깡통전세 대란을 경고했다. 나아가 공공매입 임대 방식을 비롯한 대안까지 제시했다.

피해자의 편에서 정부의 책임을 지적하며, 참사를 외면하고 있는 정부를 향해 집요하게 촉구했다. 처음에는 피해자 구제를 위해서 꿈쩍도 하지 않던 정부는 내가 주장한 경매중단, 임차인 우선매수권 부여, LH 공공매입, 조세 채권 안분을 순차적으로 정부 대책에 반영했다. 문제 해결의 본질인 선 구제-후 회수 방안이 누락된 반쪽짜리 특별법이었지만, 조속한 통과를 바라는 피해자들의 절박한 심정을 헤아려 추후 보완입법을 전제로 통과시켰다. 내가 다시 특별법 개정안을 발의했고, 윤석열 정부가 선 구제-후 회수 방안을 수용하도록 구체적인 예산 수치까지 뽑아 설득하고 있다. 신중히 검토하겠다는 답이 돌아왔다.

그나마 정의당이 '국가의 왼손'으로서의 사명을 다하지 않았다면, 피해자들의 삶은 더 칠흑 같은 어둠으로 떨어졌을지 모른다. 6석의 제약으로 피해자를 구제하는 데는 한계가 분명하다. 그럼에도 불구하고 정의당에 호소하고 정의당에 의지하는 수많은 피해자들을 생각하면, 정말 마음이 조급해진다. 우리가 교섭단체를 이룩하고 더 나아가 집권세력이 된다면, 그래서 국가의 왼손이 오른손 못지않게 커진다면, 그때 비로소 시민의 삶을 최우선으로 놓는 정치가 가능해질 것이다. 보수가 가장 두려워하는 정치세력은 유능하게 민생을 다루는 진보라는 점을 우리는 늘 기억하고 있다.

구영식 내년 총선에서 당선된다면 진보정당에 소속된 여성으로서 5선을 하는 헌정사상 전무후무한 기록을 세우게 된다. 당선된다면 마지막으로 하고 싶은 일이 있나?

심상정 5선이니, 진보정당 최초니 하는 기록에는 크게 관심이 없다. 내가 못다한 일, 그러나 반드시 해야 할 일을 초선과 같은 열정으로 해내고 싶다. 내가 하고 싶은 것은 기후위기상설특위를 만들어 초대위원장이 되고 싶다. 전 세계가 발 빠르게 기후경제로 재편되고 있고 국가생존 전략을 위해 각국이 고심하고 있다. 기후를 중심으로 산업과 경제부터 시작해서 개인의 모든 삶에 이르기까지 재구성되어야 한다. 기후위기의 한복판에 있는 대한민국의 새로운 청사진을 만들어 가고 싶다.

그리고 여전히 나에게 가장 중요한 사명은 정치개혁이다. 민생과 대한민국의 미래를 위해서 정치를 바꾸는 것이 가장 시급하다. 정권교체가 아니라 정치교체, 시대교체로 나가야 한다. 그동안 나는 다당제 연합정치를 제도화하고, 그걸 바탕으로 대통령 중심제에서 의회 중심제로 전환해 나가야 한다고 주장해 왔다. 이것은 나의 견해를 넘어 국민 대다수와 여야 정치인들의 공감대가 무르익었다. 정치개혁의 꼭지를 따는 일에 마지막 노력을 보태고 싶다.

마지막으로 오늘의 심상정을 사랑하고 키워 주신

덕양 주민들께 약속한 공약들을 잘 마무리하고 싶다. '뜻도 좋고 다 좋은데, 그런데 되겠어?'라는 비관 속에서 수많은 사람들이 의심했지만, 오직 우리 지역구민만큼은 저를 믿어 주셨다. 대한민국 정치사에서 가장 위대한 선택을 해 주신 우리 지역구민들께, 좋은 정치에 대한 열망을 알려 주셨던 주민들께, '좋은 정치는 가능하다'는 보답을 꼭 전해 드릴 것이다.

8

전환의 시대, 전환의 정치

8-1　생태 복지국가의 비전

구영식 인터뷰를 통해 촛불혁명부터 지난 대선, 정의당의 과거와 현재, 심 의원의 고뇌에 이르기까지 충분한 답을 들은 것 같다. 이제 마지막으로는 진보정치의 비전에 대해서 묻고 싶다. 정의당을 기준으로 하자면, 현재 국민들이 정의당의 존재이유를 묻고 있는데, 정의당의 노선 혁신은 어떤 방향에서 이루어져야 한다고 보나?

심상정 우선 우리 사회는 이제 생태복지 국가, 다원적 민주주의, 다당제 연정-의회중심제로 나가야 한다고 본다. 깊이 팬 불평등의 골짜기를 메우고 기후위기에 전면적으로 맞서는 확고한 비전과 액션 플랜이 마련되어야 한다.

구영식 '생태복지 국가'라는 개념이 좀 생소하다. 총론적 설명부터 들려줄 수 있나?

심상정 얼마 전 EBS의 〈지식채널e〉에서 초등학생들에게 20년 후에 무엇을 하고 있을까를 묻는 영상을 봤다. 초등학생들이 "편의점 알바요, 취업은 좀 힘들 거 같아서…", "그냥 백수야", "어른 되기 싫어요", 또 "3차 세계대전으로 지구가 멸망해 있을 거 같다", "내가 원하는 삶을 살지 못할까 봐, 아빠가 너무 피곤해하는 걸 보니 일하기 싫다…"라는 등 여러 명의 아이들한테서 이런 말들이 쏟아져 나왔다. 어쩌다 우리 사회의 암울한 미래상이 초등학교 5학년들의 꿈까지 앗아가 버렸나, 참으로 가슴이 아렸고 두려운 마음이 들었다.

세상을 집어삼킬 듯한 파도처럼 거대한 디스토피아가 밀려오고 있다. 한국은 사라지고 있는 중이고 우리의 지구는 몹시 아프다. 우리나라는 작년 4/4분기 합계 출생률이 0.6까지 떨어졌다. 2060년이 되면 인구가 3,500만 명 이하로 급감한다는 통계청의 인구 추정치도 나왔다. 노인은 늘고 청년은 급감하는 인구붕괴 사회의 모습은 끔찍하다. 텅 빈 유령도시와 퇴락한 고층 건물 사이에 빈곤 노인들은 유기되고, 은퇴 노인들의 부양을 떠안은 청년들은 이민 등 대규모 탈출 등을 시도할 것이다.

역대 정부가 저출생 대책을 중점과제로 설정했지만 그 결과는 국제사회에서 가장 빠른 인구소멸 국가로 인정된 것뿐이었다. 주거, 교육, 의료 부담이 결혼과 출산을 망설이는 주요 요인들이고, 이 한복판에 깊은 불평등의 골짜기가 가로놓여 있다. 장시간 노동, 저소득, 가족 불화적인 기업문화, 과열된 교육경쟁, 성차별 구조, 비혼동거 문화와 출산에 대한 폐쇄성 등 해결해야 할 것이 수없이 많은데, 윤석열 정부가 내놓은 것은 달랑 대규모 이민을 받아들이려고 대비하는 이민청 설립뿐이다.

또 "21세기는 인류의 마지막 세기가 될 거다. 이대로 방치하면 2050년에는 정주 불능의 지구가 될 것이다." 데이비드 월러스 웰즈의 『2050 거주불능 지구』의 핵심 메시지다. 이 책이 우리나라에 소개된 지도 벌써 4년이 지났다.

선진국들이 화석연료 시대를 탈출하기 위한 전환의 정치로 달려가고 있는데 대한민국 정치는 여전히 양당 간의 격투에 매몰되어 있고 기후위기는 안중에도 없다. 대한민국은 이번 COP28(제28차 유엔기후변화협약 당사국 총회)에서 전 세계 2000여 개 기후환경운동 단체가 참여하고 있는 기후행동네트워크로부터 오늘의 '화석상'을 맞는 불명예를 안기도 했다.

대전환의 시대에는 대전환의 정치가 필요하다. 위기의 시대를 건너 미래로 가는 다리를 놓아야 한다. '우리에게 미래가 있나요?'라고 묻는 다음 세대에게 '탈출하고 싶은 나라가 아니라 우리 모두가 살고 싶은 나라'를 만들어 갈 수 있다는 믿음을 정치가 줘야 한다. 기후위기와 불평등에 대응하는 전환적 과제를 풀어 가려면 대통령 한 사람, 한 정당, 한 정권의 역량으로는 가능치 않다. 다양한 시민의 의사가 반영되는 의회중심제, 다당제를 바탕으로 한 책임 연정으로 나아가야 한다.

구영식 심 의원의 다원적 민주주의는 무엇을 뜻하는 것인가?

심상정 태어날 때부터 선진국의 시민으로 태어난 우리 청년들은 나의 존엄이 존중되고 개성과 잠재력을 발휘할 수 있는 다원화된 사회를 강력히 요구하고 있다.

그러나 우리 사회는 극도의 불평등 사회다. 이 불평등이 개인의 탓으로 되면서 차별과 혐오가 만연해 있다. 차별은 야만이다. 차별에 대한 저항을 '갈등'이라고 부르는 사회는 정의롭지 않다. 오늘날의 이른바 세대갈등, 젠더갈등, 지역갈등은 차별을 방치한 정치권의 시민들에 대한 책임 전가일 뿐이다. 국가와 민족이라는 거대담론 속에 개인의 존엄과 다양성이 무시됐던 시대는 20세기에 진즉 끝났어야 했다.

이제 제도적인 민주주의를 넘어 일상의 민주주의로 나아가야 한다. 우리 일상에서 관계의 정의를 실현해야 한다. 4년 전, 제 유세현장에서 저를 와락 껴안았던 성소수자 청년의 눈물을 늘 기억한다. 나와 정의당은 인권을 위해서만큼은 물러섬 없는 싸움을 해왔다. 성폭력에 대한 솜방망이 처벌은 더 이상 용인되어서는 안 되고, 생활동반자법으로 다양한 가족의 삶이 보호되어야 한다. 모든 개인이 존엄하고 저마다의 삶이 존중되는 성숙한 인권국가를 만들어 가야 한다.

8-2   청년소멸 국가

구영식   인터뷰를 진행하는 동안, 심 의원에게서 청년세대에 대한 어떤 특별한 애정이 느껴졌다. '청년이 시대정신'이라고 할 정도의 그 애정은 어디서 비롯된 것인가?

심상정   부채감이다. 나는 지금의 2030 청년들이 대한민국에서 가장 특별히 고생한 세대라고 말하는 것이 아니다. 각 시대마다 청년들은 각자의 고충과 과제를 짊어졌다. 내 시기 청년은 반독재 및 노동권 투쟁을 위해 목숨을 걸던 시대다. 정치가 사생활을 압도했다. 청년은 다 어렵다. '아프니까 청춘이다' 같은 말을 하려는 것도 아니다. 그때는 그래도 미래가 열려 있었다. 적어도 역사는 진보하고 세상은 나아진다는 믿음이 있었다. 대한민국이 성장 국면이었고 팽창했기 때문이다.

     그런데 지금 세대 청년은 대한민국 역사상 처음으로 축소 국면, 후퇴 국면을 맞는다. 부모보다 가난한 첫 세대다. 인구절벽, 지방소멸, 기후위기 등 심지어 당연했던 사계절조차 당연하지 않은 상실의 세대가 될 확률이 높다. 지금 기성세대 중에 축소 국면을 맞았던 이는 단 하나도 없다. 그래서 청년들이 더 생존욕구가 꿈틀

거리는 것이다.

그럼에도 우리 청년들은 마이클 샌델의『정의란
무엇인가』가 철학책임에도 베스트셀러·스테디셀러에
오를 정도로 정의가 무엇인지 물었다. 더 나은 삶이 무
엇인지 알기 위해 '멘토'도 찾아가 보았다. 끊임없는 발
전을 위해 독설가들도 찾고, 자기계발서도 찾아 읽었
다. 그러다 삶에 지쳐 힐링 에세이를 읽다가 좌절했다.
그러다 지금은 청년들을 한탕 유혹으로 꾀어간다고 코
인, 주식, 갭투자 열풍까지 재테크 책들만 유행이다. 우
리 정치가 청년들의 질문에 어떤 답을 내놓았는지를 생
각하면 얼굴이 다 붉어진다.

구영식 최근 대학가를 중심으로 능력주의 열풍이 불고 있다.
미국의 자유지상주의자, 신 우파들의 탄생과 무관하지
않은 흐름처럼 보인다. 심 의원의 생각은 어떤가?

심상정 나는 능력주의도 일시적인 흐름에 불과하다 본다. 기득
권 세력의 이데올로기에 불과하다고 생각한다. 흔히들
성공을 위해서는 집안('수저')-노력-능력 세 가지 중 최
소 하나는 갖춰야 한다고 말한다. 박근혜 정부 초반에
는 청년들이 '노오력이 부족하다'며 자조적으로 '노력'
담론을 이야기했다. 그러나 정유라의 발언과 국정농단

으로 노력에 배신당하는 일이 발생하자 '흙수저-금수저'를 말하며 수저론을 들고나왔다. 이제는 노력과 수저 다음으로 능력을 이야기한 것에 불과하다. 결국 불평등을 극복하기 위한 청년들의 자구적 인식인 것이다.

사실 능력주의는 조금 철 지난 담론이다. 청년들은 결국 모든 게 좌절되자 코인, 갭투기 등에 이끌렸다. 청년들의 희망을 충족시켰어야 할 정치권은 오히려 투기를 부추겼다. 지난 대선 때만 해도 윤석열·이재명 할 것 없이 코인 한탕주의 열풍에 편승한 공약을 내놓았다. 또 윤석열 후보는 부동산세 완화를, 이재명 후보는 코스피 5000을 약속했다. 그러나 대선 후 코스피는 내리막길을 걸었고, 코인은 2/3가 증발했다.

선거 때마다 양당이 재개발이니 뉴타운이니 하며 부동산 불로소득을 부추기듯, 우리 정치가 노동의 가치를 앞장서 모욕했기 때문에 더 이상 청년들이 땀과 노력의 대가를 믿지 못하게 됐다. 땅은 애초에 소수가 물려받는 것이란 걸 너무나 잘 알기 때문에, 물려받을 게 없는 나머지 청년 다수는 노력도, 수저도, 능력도 모두 내 편이 아니란 걸 알고 있다. 소박한 꿈조차 이루지 못한 사회에서 한탕주의에 이끌리게 되는 것이다.

구영식 청년들의 삶이 구체적으로 어떻게 힘든지 말해 줄 수 있나?

심상정 올해 국무조정실에서 〈청년 삶 실태조사〉가 발표됐다. 정말 깜짝 놀랐다. 우리 사회의 고착화된 불평등 속에서 우리 청년들이 고립된 채 각자도생의 삶을 살다 지쳐 버렸다는 것이 너무나 명확한 지표로 드러났기 때문이다.

2022년 출생자 수가 24만 9천 명인데, 은둔형 외톨이 청년 숫자가 24만 4천 명에 달했다. 한 해 출생자랑 맞먹는 규모다. 은둔 사유의 35%가 취직의 어려움이다. 취업한 청년들은 세 명 중 한 명꼴로 번아웃을 경험하고 1년 이내 조기퇴사를 하고 있다. 단순히 끈기가 없다고 말하면 안 된다. 유년 시절부터 시험의 굴레에서 무한경쟁의 쳇바퀴를 돌며 제대로 쉬지 못한 채 사회에 진출한 첫 번째 세대다. 지칠 대로 지친 이들이 처음으로 마주하는 일자리가 저임금·과로·박봉·전근대적 노동문화·비정규직인데 어찌 포기하지 않고 버티겠나?

다 커서 눈칫밥을 먹는 게 얼마나 괴로운데, 57.5%의 청년들이 부모님께 얹혀산다. 그중 67.7%는 독립할 구체적 계획이 없는데, 그 이유의 과반이 '생활비 절약'

이다. 한마디로 청년세대는 지금 사회경제적 독립운동을 하고 있는 것이다.

보건복지부의 〈2023년 고립·은둔 청년 실태조사〉 결과는 더 참담하다. 고립·은둔 청년이 최대 54만 명에 달한다는 것이다. 자살을 생각한 청년 비율은 75.4%, 이중 실제로 자살을 시도한 청년이 26.7%다. 자살을 생각한 청소년의 비율도 14.3%에 달했다. 탈고립과 탈은둔을 생각한 청년은 각각 78.9%, 82.2%에 달했다. 지금 죽고 싶고, 세상과 연을 끊고 싶고, 숨고 싶지만 어떻게든 나 좀 꺼내 달라는, 사회생활 하게 해달라는 아주 간절한 외침이다. 이걸 우리 정치가 외면하면 안 된다.

구영식 청년들이 최근 정치권의 키 플레이어가 된 것처럼 보인다. 청년들은 문재인 정부 및 윤석열 대통령 탄생에 모두 주요한 역할을 했다. 그러나 지금은 아예 정치에 기대를 접은 듯한 모양이다. 심 의원의 생각은 어떤가?

심상정 기성세대는 '20대 철부지론'이라는 엄청난 실수를 저질렀다. 보수 우위 시절 진보세력을 전폭적으로 지지해 줬던 세대가 2030 세대였다. 그러나 선거에 패배할 때마다 정치권은 20대가 역사인식이 부족해서, 20대가 취업에만 관심이 있어서라는 등, 청년세대의 정치적 기여를 폄하했다. 야당일 때는 청년들이 정치에 관심이 없어서, 여당일 때는 청년들이 불만이 많아서라는 식의 책임 전가에 어떤 청년들이 지지를 보내겠나?

20대를 두고 탈정치화됐다고 비판하던 진보 진영의 정치인과 지식인들은 20대들이 보수 진영을 지지하며 '표의 대가'를 요구하자, 역사의 반동이다, 극우화됐다는 식으로 비난을 쏟아냈다. 기성세대로서 부끄러운 반응들이라고 생각한다. 이런 황무지 같은 정치, 이런 불평등하고 불공정한 세상을 물려준 게 우리다. 열심히 살며 끝까지 우리를 믿어 줬던 청년들의 실망감을 이런 식으로 받아선 안 되는 것이다.

청년들이 지지할 정치세력이 없는 것은 당연하다. 박근혜 정부의 실정에 촛불을 들었던 청년들에게 문재인 정부는 부동산 폭등으로 답했고, 윤석열 정부는 69시간 과로사 노동으로 답했으니까.

구영식 청년들이 윤석열 정부에 급격하게 돌아선 계기는 심 의원의 지적처럼 '69시간 노동제'가 기점이 되었던 것 같다.

심상정 당연하다. 69시간 노동제는 내가 구로공단에서 일하던 시절의 '노동 고혈 경제'로 돌아가겠다는 말이었다. 주

52시간 노동제를 후퇴시키고 싶었지만 그게 여의치 않아서 '몰아서 일하고 쉬자'는 꼼수를 내놨던 것이다. 나와 정의당이 용산 대통령실에 찾아가 시위를 벌이는 등 가장 격렬하게 맞섰다.

청년들은 기성세대의 삶으로부터 자신의 미래를 본다. 대한민국 국민들은 영혼까지 갈아서 일하고 있다는 것을 청년들이 모르지 않는다. 젊은 부모들은 아이들 자는 모습도 애 돌볼 시간도 없어 전전긍긍해하고 있다. 부모세대인 중장년층은 산재와 골병으로 삶이 이미 벼랑이다. 일만 하다 사랑도 연애도 결혼도 못해 보고 죽을 수 없다는 청년들에게는 정말 생존이 걸린 문제였다. 청년들이 '기절시간표'와 69시간 노동제 도입 상황을 가정한 숏 무비들을 퍼 나르며 일거에 분노할 수밖에 없는 일이다.

한 가지 더 전세사기 문제. 이렇게나 청년들의 삶을 옥죄는 문제를 지나칠 정도로 윤석열 정부가 외면하고 있다. 인천 미추홀구에서 스스로 목숨을 끊은 피해자 대다수가 청년이다. 확정 피해자의 72%도 2030 청년세대다. 청년들이 아르바이트하고, 그 어려운 취업시장 뚫어서 알뜰살뜰 적금해서 이제 막 세상에서 보금자리를 마련하려 넣은 전 재산이다. 그걸 일거에 날렸는데, 정부가 꿈쩍도 안 한다. 청년들이 대한민국 참 잔인하다, 나는 법을 지켰지만, 법은, 대한민국은 나를 지켜주지 않는구나! 그런 박탈감과 배신감을 갖고 살아가지 않겠나? 이 문제를 오로지 개인의 책임으로만 돌린다면, 윤석열 정부는 정말 미래세대에 돌이킬 수 없는 죄를 저지르는 것이다. 심판받을 거다.

구영식 대한민국 저출생 문제가 굉장히 심각하다. 아무리 코로나19의 영향으로 결혼식을 미루는 추세가 있었다 하지만, 22년 합계출산율 0.78은 정말 처참하다. 심 의원은 저출생 문제를 어떻게 보고 있나?

심상정 작년 말 〈뉴욕타임스〉에서 '한국의 인구감소는 14세기 흑사병 때보다 심각하다'라는 내용의 칼럼이 올라왔다. 바닥 밑에 지하가 있다는 말로도 설명이 되지 않는 충격적인 소식이다. 엔데믹으로 올해 출산율이 조금 회복될 것이라는 전망이 많았다. 그러나 2023년 3분기 합계출산율이 역대 최저인 0.7로 집계됐다. 4분기엔 사상 첫 0.6까지 추락할 우려에 처했다.

군대엔 군인이 모자라 생활관이 텅텅 비었고, 지방에서 시작된 폐교 바람은 서울까지 미치기 시작했다.

여러 대학에서 통폐합 문제로 학생사회가 시끄럽다. 기업은 베이비붐 58개띠 세대의 은퇴 이후 인재 수급 전략을 두고 골머리를 앓고 있다. 특히 MZ세대 공무원의 줄퇴사로 공직사회조차 재생산에 애를 먹고 있다. 대가 끊긴 곳에 미래가 없다는 근원적인 공포를 국민들께서 삶 곳곳에서 체감 중이신 것이다.

정부가 제1차 저출산 고령사회 기본계획을 마련한 2006년부터 지금까지 저출산 대응에만 총 332조 원을 투입했다. 그럼에도 저출생 문제를 개선하지 못했다. 불평등한 구조를 도외시한 채 저출생 자체에 국한해서 바라봤기 때문이다. 문제의 본질은 불평등을 넘어선 '불평등의 고착화'다. 합계출산율 0.78은 대한민국 정치와 우리 사회에 대한 참담한 종합성적표다. 대한민국의 불평등이 오래 누적된 결과 저출생이라는 현상이 나타난 것인데, 저출생이 만악의 근원이라는 식으로 논의를 이어 가면 곤란하다. 언제까지 달이 아닌 손가락만 보고 있을 것인가.

구영식 저출생은 불평등이 원인이다?

심상정 청년들과 직접 깊은 대화를 나눠보면 운명론적 사고방식이 느껴진다. 시작부터 이미 미래는 결정 난 것과 다름없다는 그 체념의 정서가 느껴져 너무나 마음 아프다. 내가 제아무리 열심히 노력해도, 이 세상은 변하지 않고 내 삶은 나아지지 않는다는 거다. 학력을 지방대로 시작하면 좋은 직장을 얻을 수 없고, 경력을 중소기업으로 시작하면 평생 중소기업을 전전해야 하며, 월급쟁이는 자산소득자가 될 수 없고, 서울 밖에서 출발해선 서울에 집을 살 수 없다. 연애는 사치고 결혼은 신분이다.

이것이 청년세대에 깔려있는 일종의 합의된 인식이다. 빈부격차가 사회적 양극화로 이어지더니 아예 빈부고착 수준까지 가 버린 거다. 스스로 패배했다 여기는 청년들이 불평등에 순응해 버릴 수밖에 없는 상황에서 어떻게 결혼과 출산을 꿈꾸고, 행복하지 못한 삶을 물려주려고 할까?

불평등 때문에 사람이 살지 못하고, 불평등 때문에 사람이 태어나지 않는 것이다. 불평등 해소가 곧 인구정책일 수밖에 없다. 우리 사회는 이미 학벌, 부동산, 노동시장, 젠더, 지방소멸과 서울 집중을 비롯해 다중 불평등 시대에 돌입했다. 이 경제적 불평등의 심화를 방관하다 못해 누적시킨 게 65년 기득권 정치다.

구영식 내 주변 청년들도 일단 돈이 있어야 결혼을 생각이라도 해 보고, 출산은 가난해지는 지름길이라고 말하더라. 결혼은 꿈도 꾸지 않는 것 같았다.

심상정 한국노동연구원의 보고서에 따르면, 26~30세 남성 소득 하위 10%의 혼인율은 8%다. 반면 소득 상위 10%의 혼인율은 29%다. 많이 늦어졌지만 요즘 결혼 적령기라 부르는 31~35살도 비슷하다. 하위 10% 남성의 혼인율은 31%지만, 상위 10%의 혼인율은 76%다. 경제격차가 그대로 혼인격차로 반영된다. 임금격차가 자산격차로, 다시 자산격차가 혼인격차로, 혼인격차가 출산격차로 이어지는 악순환의 고리에 청년들이 갇힌 것이다.

　결혼 전 단계라 할 수 있는 연애도 어렵기는 마찬가지다. 유명 결혼정보회사의 조사에 따르면 20대 1회 평균 데이트 비용이 약 8만 원이다. 일주일에 두 번만 만나도 달에 60~80만 원이 깨진다. 이게 2022년 조사니까, 물가가 치솟은 23년에는 더 심했을 거다. 우리도 카페에서 커피 한 잔씩에 케이크 하나만 해도 2~3만 원은 금방 깨지지 않나? 23년 2030 미혼남녀 데이트 비용 조사를 보니 74.8%가 물가 인상으로 데이트 비용이 부담된다고 응답했다. 이런 상황에서 경제적 여유가 없는 청년들은 길어진 수험생활과 취준기간을 거치면서 아예 시작 자체를 단념하게 된다. 연애를 해 봐야 결혼도 할 텐데, 그런 경험조차 없이 결혼적령기를 지나고 만다.

구영식 딸을 키우는 입장에서, 아무리 나아졌다고 해도 여성에게는 혼인과 출산이 부담일 수밖에 없다고 본다.

심상정 나는 청년 시절 노동조합에서 조직국장, 쟁의국장, 사무처장 등을 했다. 그때 민주노총의 전신인 전노협 위원장이 권영길 대표셨다. 권영길 대표께서는 어디 가서 나를 소개할 때마다, "우리 심상정 처장은 슈퍼우먼이다"라고 소개를 하셨다. 그때는 '능력 있는 사람'이라는 의미로 받아들였기 때문에, 그런 소개를 들을 때면 조금 우쭐했다. 그런데 내가 결혼을 해서 애 엄마가 되고 보니, 정말 일과 가정의 사이에서 분초를 다퉈 가며 살아도 감당이 안 되더라. 아, 이 '슈퍼우먼'이라는 말은 우리 사회가 짊어져야 할 책임을 여성의 능력으로 치환해서, 독박 씌우는 그런 말이구나 이게. 어느 날 불현듯 이런 생각이 떠올랐다. 그다음 날 권영길 위원장님께 사람들이 많은 자리에서 "이제 더 이상 저한테 슈퍼우먼이란 말은 하지 마세요"라고 말씀드렸다.

또 우리 아들이 초등학교 때 불쑥 건넨 말인데, 지금 떠올려도 눈물이 난다. 일주일 만에 내가 지방 출장 마치고 집에 갔을 때다. 오밤중에 우리 아들이 "엄마는 나보다 금속노조가 더 좋아?"라고 말했다. 너무 당황스럽고 미안했다. 결국은 내 남편이 전업주부가 되어서 나 대신 육아의 독박을 쓰게 됐다. 그런데 나처럼 우리 남편 이승배 씨 같은 사람을 못 만난 사람들은 어떡할 거냐?

혼인과 출산이 사회적 커리어 중단으로 직결되는 여성의 삶을 개선하지 않으면, 점점 더 많은 여성들이 혼인이 자신의 삶을 방해한다고 볼 것이다. 대학 교육까지 받고 고스펙으로 중무장한 여성들이 자신의 잠재력을 사회에서 펼쳐 보지도 못하고 집에서 평생 머물기를 원하지 않는다. 2022년 기준 남성에 비해 여성 임금이 65% 수준으로 OECD 주요 회원국 중 성별 임금격차가 제일 큰 것도 모자라서, 취업대란 속 힘겹게 들어간 회사조차도 출산하면 사실상 전력 외로 취급받는 이 풍토에서 많은 사람들이 혼인과 출산을 단념한다.

한국은행에 따르면, 육아휴직 이용 기간이 OECD 평균 61주인데 반해 우리는 10주에 불과했다. GDP 대비 육아휴직 관련 재정지출은 0.07%로 0.36%인 OECD 평균의 1/5 수준이었다. 한국은행도 육아휴직 강화 등 OECD 평균에도 못 미치는 육아여건 개선을 강력히 촉구했다.

기혼자의 삶이 행복해야 미혼자들이 결혼을 바라게 될 텐데, 현실은 정반대다. 육아휴직이 부담된다는 기업의 입장도 충분히 고려할 수 있다. 육아휴직 대체인력의 조속한 고용, 혹은 육아휴직으로 업무 부담이 증가한 직장 동료에게 육아휴직 수당을 부여하는 등 인센티브 제도 마련을 비롯해 논의해야 할 영역이 많다. 육아와 업무 사이에서 눈물을 삼켰을 수많은 워킹맘들의 현실을 보고 젊은 여성들이 혼인과 출산을 포기하는 것을 모조리 젠더갈등으로 몰아가서는 안 된다. 육아의 부담을 모두가 나눠 지고 인센티브를 부여할 합리적 제도 구축에 더 진지한 논의가 있어야 한다.

구영식 결혼 연령 자체가 너무 늦어진 감이 있다. 지인의 자녀 결혼식에 가면 삼십 대 초반에 하면 정말 일찍 한 거더라.

심상정 내가 서른넷 하고도 연말에 결혼했다. 부모님께서 서른다섯 살을 넘기면은 호적을 파 가라고 했기 때문이다.

우리 때만 해도 서른다섯을 넘으면, 결혼은 아예 못하는 걸로 부모들이 위기의식을 크게 가졌다. 그런데 요새 보면 기본 서른다섯까지는 그냥 가는 추세다. 여성가족부 통계를 보니 초혼 연령이 남성은 만 33.7세, 여성 31.3세였다. 2022년 통계청 기준 40대 초반 신부가 20대 초반 신부보다 많았다.

의학적 노산 연령 기준이 여성 35세다. 애를 낳을 마음이 있는 부부들도 결혼을 늦게 하다 보니 생물학적으로 한 명 이상 낳지 못하거나 난임으로 괴로워한다. 내가 서른다섯에 이대병원 산부인과에서 애를 낳았는데, 출산 과정이 정말 험난했다. 의사가 자연분만과 제왕절개 중에 선택하라고 해서, 노산임에도 불구하고 자연분만을 택했다. 자연분만을 유도하는 과정에서 밤새 진통을 얼마나 했는지, 나중에는 노란 위액을 쏟아낼 지경이었다.

그러다 아침에 담당과장이 보면서 큰일 났다면서, 나를 수술실로 데려가서 제왕절개를 했다. 우리 아이는 세상에 나오자마자 바로 중환아실로 옮겨졌다. 무슨 영문인가 했더니, 산모가 너무 힘들어하는 사이 태아가 태변을 먹어 버려 기흉이 생겼다는 것이었다. 의사가 그런 정도로 힘들면 다 의사를 부르는데, 그걸 어떻게 참았냐 이야기했다. 나는 워낙에 산통은 힘들고 감내해야 하는 것으로 알았기 때문에 그냥 참아야 하는 거라 생각했다. 그 후과로 아이도 세상에 나오자마자 고생했다. 하나 더 낳을 계획이 있었던 것은 아니지만, 나도 그 후유증으로 아이를 더 낳을 수가 없었다.

구영식 청년들이 서울에 몰리고 있다. 결국엔 20대에 대학생 때 서울 가냐, 30대 초년생 때 서울 가냐의 차이인 것 같다.

심상정 짝을 만나 아이를 낳으려면 둥지와 먹이가 있어야 한다. 많은 청년들이 '서울에는 둥지가 없고 지방에는 먹이가 없다'라고 말한다. 청년들의 증언과 일치하게 한국은행도 수도권 팽창과 부동산 가격 상승 억제가 인구대책의 관건이라 이미 여러 차례 보고서를 낸 바 있다. 서울은 출산율 전국 꼴찌로 이미 오래전부터 아이 울음소리가 끝난 도시다. 지방청년들의 유입 없이는 자체 재생산에 오래전부터 실패한 도시다. 대기업 원하청 구조처럼, 서울은 지방청년을 빨아먹으며 산다. 수도권 집중과 지방소멸은 사실 하나의 현상이다. '메가 서울' 운운하는 국민의힘은 부동산 이슈만 머리에 있지 지역

불균형 발전이 초래한 인구절벽의 심각성 자체는 안중에도 없는 것이다.

지방에는 일자리 자체가 부족하다. 또 연차가 쌓여도 임금이 오르지 않는 질 나쁜 일자리 위주라 청년들이 서울로 떠난다. 더 많은 기회를 찾아 청년들이 수도권에 몰리니, 수도권 집값이 천정부지로 치솟는다. 할 수 없이 5평 이하 원룸·오피스텔에 살게 된다. 요새 신촌 원룸 월세 보면 입이 떡 벌어진다. 100만 원 시대를 이미 돌파했다. 140만 원이 기본이다. 많은 사회 초년생들이 월세 내고 나면 '현타'가 와서 살기 싫다고 말한다. 원룸 살면서 월급 1/3을 월세로 떼이는 청년들한테, 억대 집 장만해서 결혼을 하라는 건 너무 가혹한 말이 아닌가?

구영식 윤석열 정부와 여당의 저출생 대책을 어떻게 평가하는가?

심상정 집권여당발 저출생 해결책이 참으로 어처구니가 없었다. 아무리 아이디어 수준이라고 하도 보통 시민들의 상상력으로 아주 범접하기 어려울 지경이다. 아이 1명에 월 100만 원씩, 18세까지 2억 원 넘게 주겠다고 했다. 이미 지급하고 있던 여러 가지 보육비를 합치고 통폐합해서, 오히려 늘려야 할 예산만 줄이고 생색은 내겠다는 조삼모사 해법이다.

또 30세 이전에 아이 셋 두면 병역면제 해 준다고 했다. 인구절벽으로 현 징병제 유지조차 어려운 상황에서 군 개혁안은 없이, 국방의무 면제를 저출산 대책으로 내놓은 이들이 정녕 보수세력이 맞나 하는 의문이 들었다.

아이 셋이면 4억 원까지 증여세를 면제해 주는 안도 제시했었다. 이걸 두고 많은 청년들이 '군대 갈 나이에 자녀 셋이 있으면 '고딩 엄빠' 되라는 말이다', '아니면 한꺼번에 세쌍둥이를 낳으라는 말이냐?', '할아버지 할머니가 물려줄 4억 없는 애들은 어떡하냐?', '증여세 낼 돈이 있었으면 이미 애를 낳았지!' 하면서 분노를 쏟아 냈었다.

그런데 얼마 전 기재위(국회 기획재정위원회)에서 결혼·출산 시 3억 원까지 증여세 없이 양가 부모로부터 지원받는 안이 통과됐는데, 청년들은 증여받을 게 있는 사람만 결혼하라는 말로 받아들이며 분노했다. 경제력 있는 사람만 결혼하라는 것을 국가가 장려하고 공인한 꼴이 됐다. 청년들이 취업도 못하고, 취업을 해도 중노동 과로에 퇴직하는 와중에 언제 무슨 돈으로 다섯 식구 살 집을 마련하라는 건지 묻고 싶다.

구영식 심 의원의 해결법은 뭐라고 생각하는가?

심상정 간단하다. 결혼·출산·육아·주거 다 국가가 책임져야 한다. 결혼해서 살 집 주고, 노동시간 줄여서 연애하고 결혼하고 아이 돌볼 시간 주고, 직장 다닐 수 있게 애 키워 줘야 한다. 진보라고 무책임하게 막말 하나 이런 분들도 계시겠지만, 그런 정도의 각오와 의지가 없다면, 출생률 반등조차 힘들 것이다.

결혼과 출산의 최고 걸림돌이 집이다. 결혼하면 질 좋은 공공주택 지어서 집 한 채씩 줘야 한다. 또 출산하면 더 아이 키우기 좋은 곳으로 이사시켜 줘야 한다. 공공주택 비중을 현재 7%에서 20% 수준으로 늘리면 충분히 가능하다. 아이가 성인이 되는 최소 20년까지는 보장해 주어야 한다.

프랑스나 스웨덴 등 유럽의 출산정책은 빈곤과 불평등 해소에 초점을 두고 있다. 출산으로 인해서 불이익을 받지 않도록 사회보장 정책이 제도화되어 있다. 예를 들면 육아기간에도 임금소득을 100% 보장한다. 한마디로 출산과 육아의 책임을 정부·기업·가정이 공동으로 지는 제도다. 이런 전환을 통해서 출산율이 크게 높아졌다. 우리 사회도 영아 때부터 육아를 사회가 책임지는 것은 당연하다.

내가 대선 때 가장 뜨거운 지지를 받았던 공약이 '주 4일제' 공약이다. 일각에서는 배부른 소리처럼 이야기하지만, 선진국과 대기업들은 주 4일제로 달려가고 있다. 주 4일제가 단순히 일 좀 덜 하겠다는 게 아니다. 바로 노동시간 감축이 가장 근본적인 저출생 대책이 될 수 있다는 것을 깊이 유념하고 있기 때문이다.

또 가족친화적 기업문화로 바꿔야 한다. 노동시간을 단축하고, 출산 및 육아휴직을 선진국 수준으로 개선해야 한다. 무엇보다 극한 입시 경쟁과 사교육에서 아이들과 부모들을 해방시켜야 한다. 그뿐만 아니라 성차별 구조를 혁파해야 한다.

가족과 출산에 대한 인식 전환도 필요하다. 유럽 등 선진국의 경우에는 비혼출산자가 30%에 달한다. 우리나라 여성들도 26.2%가 비혼출산을 고려해봤다는 20년 여성가족부 조사가 나왔다. 혼인 여부와 무관하게 보조생식술 등이 가능하도록 제도적 지원을 다해야 한다. 비혼동거를 도덕/비도덕의 문제로 볼 게 아니다. 성과 출생, 가족 구성에 대한 다양한 자기결정권을 보장하는 관점에서 바라봐야 한다.

8-3   기후 정치의 시대

구영식   아까 심 의원이 기후상설특위를 만들어 초대 상임위원장이 되고 싶다고 말했던 게 인상 깊다. 그런데 심 의원의 바람과 달리 국민들에겐 아직 기후위기가 주요 정치적 의제로 부각되어 있지 않은 것 같다.

심상정   그렇지 않다고 생각한다. 기후위기는 시민의 일상에 깊이 들어와 있다. 시민들이 기후위기에 훨씬 민감하다. 코로나 이후 지역구 주민자치회나 통장협의회 등의 주민 사업은 거의 'no carbon(무탄소)' 슬로건하에 진행되고 있다. 차 없는 거리를 만들고 여러 리사이클링 제품들을 선보이며 체험하는 프로그램들을 운영한다. 또 지난겨울 한달에 1100만 원 전기료 폭탄을 받아 들었던 화훼농가들은 겨울을 맞아 시름이 깊고, 주거환경이 열악한 가구들은 계절이 바뀔 때마다 부쩍 불안해하고 있다. 특히 에너지나 건축 분야에서 일을 하고 있는 노동자들은 고용 위기와 노동환경 변화 때문에 위기의식을 크게 느끼고 있다.

멀리 갈 것도 없다. 우리 시민들은 이미 일상에서 기후위기의 도전을 심각하게 경험하고 있다. 농민들은 저기 청송 같은 남쪽 지방에서 재배하던 사과 농사가 강원도까지 올라온 것을, 그리고 어민들은 열대어가 남해를 거쳐 동해안까지 올라온 상황을 걱정스레 지켜본 지 오래되었다. 아이들은 30년 후의 불행한 자신의 삶을 상상하고, 기후위기에 대한 불안감으로 아이 낳기를 포기하는 신혼부부들도 늘어나고 있다. 기후위기 앞에 개인도, 기업도, 국가도 이대로 살 순 없다. 더 이상 퇴로가 없다. 그래서 기후위기 대책은 단순한 정책이 아니다. 거대한 전환이다.

시민들의 체감에 비해 정치권이 몹시 둔감한 거다. 이제 정치도, 산업도, 우리의 일상도, 가치관까지 지구가 감당할 수 있는 한계 안에서 재구성해야 한다. 또 기후위기에도 차별이 있다. 힘 있고 돈 많은 사람들은 해수면이 높아지면 더 높은 곳으로 이사를 가든지 해외로 피하면 된다. 가진 자들은 살아남고 대다수 시민들과 영문도 모르는 비인간 생명체들은 속수무책으로 재앙에 직면하게 될 것이다.

지금은 대전환의 시대다. 세계에서 가장 영향력이 컸던 역사학자 에릭 홉스봄이 살아 있었다면 21세기를 '재난의 시대'로 명명하지 않았을까 싶다. 흥청망청 불태웠던 화석연료의 시대를 서둘러 넘어서야 한다. 지난 70년간 지속해 온 무한개발, 무한경쟁의 성장공식 지속은 파국으로 가는 지름길이다. '해 오던 대로 더 잘하면 되겠지'와 같은 미봉책으론 안 된다는 것, 너무나 자명하다. 에너지 전환이나 산업 전환 등 국가적 어젠다는 중앙정치에서 다뤄져야 하는 것이고, 정의당은 그에 못지않게 기후민생 정책들을 준비해야 한다.

구영식 심 의원은 22년도 이집트에서 열린 기후위기 정상회의 (COP27)에 우리 국회 대표단장으로 참석했다. 세계의 변화를 더 직접적으로 체감했을 것 같다.

심상정 미국 중간선거와 기후위기 정상회의 일정이 겹쳤다. 그러나 미국의 바이든 대통령은 중간선거 결과가 발표나자마자 고단한 몸을 이끌고 곧바로 기후위기 정상회의에 참석하는 열의를 보였다. 그런데 우리나라는 대통령도 총리도 아닌, 나경원 기후대사가 대한민국을 대표해서 연설했다. 대회장에서 4박 5일간 내가 느낀 것은 대한민국을 '기후악당 국가'로 바라보는 국제사회의 서늘한 시선이었다.

　나는 프랑스 전 생물다양성 장관, 독일의 녹색당 대표, 미국 민주당 상원 척 슈머 원내대표의 보좌관 등과 면담을 진행했다. 특히 척 슈머의 보좌관과 나눈 대화가 기억에 남는다. 척 슈머의 보좌관 측에서 먼저 면담을 제안하고 한국 부스로 찾아와 만남이 성사되었다. 웬일인가 하니 'IRA'에 대해 어떻게 생각하는지를 물었다. 동시에 자신들이 IRA를 기획한 사람들인데 기후위기 극복을 위한 미국 전략을 만드는 데 그 취지가 있지, 한국 등에 불이익을 주려는 의도가 전혀 아니었다고 해명했다. 내가 한국판 IRA를 준비 중이라고 했더니, 아주 고무적이라며 그런 방식으로 해법을 찾는 것을 자기들도 원한다고 했다. 그러니까 미국은 미국의 전략을 만들었을 뿐이니 한국도 한국의 전략을 만들어라, 그 과정에서 합리적인 갈등 조정도 가능할 것이다. 뭐 그런 뜻으로 이해했다.

구영식 그래서 '한국판 IRA' 법안은 현재 어떻게 되고 있나?

심상정 아직 준비 중이다. 한국판 IRA법은 곧 기후위기 시대 대한민국의 녹색산업 전략을 담자는 것이다. 10여 회

세미나와 5차례 토론회 등 내용 구성을 위해 노력하고 있는데, 정부를 운영해 보지 못한 정당의 정치인으로서 한계를 크게 느꼈다. 나의 문제인식을 정부가 수용한다면 훨씬 탄탄한 법안이 만들어질 거다. 내가 국회에 기후상설특위를 만들자고 하는 것도, 그 위원장을 맡고 싶다는 것도 관련 부처들을 끌어모아 대한민국 녹색경제 비전을 만들고 싶어서다.

23년도 예산안 처리 때 국회는 거대한 감세안을 통과시켰다. 당시 대통령실은 "높은 법인세로는 글로벌 경쟁 불가"라며 법인세 인하의 조속한 처리를 독려했다. 그러나 기업을 대표하는 최태원 대한상공회의소 회장은 법인세를 무차별적으로 인하하는 것이 바람직한지 의문이라며 내년 정부의 중점과제는 경기침체로 확대될 취약계층에 대한 케어일 것이라고 조언했다. 또 미국의 IRA(Inflation Reduction Act, 기후변화 대응, 의료비 지원, 법인세 인상 등을 골자로 한 미국의 법)는 기후변화와 에너지 정책에 대한 보호주의 목적의 제도라고 짚었다. 이미 세계는 기후·에너지 산업 인프라 구축에 대대적인 투자와 자국 일자리 창출을 위한 IRA 전쟁 중인 상황에서, 윤석열 정부가 시대착오적 대기업 감세 대신

'한국판 IRA' 같은 통 큰 전략을 서둘러야 한다는 지적이었다.

구영식 IRA 문제는 정치권에서 현대·기아자동차의 미국 시장 내 전기차 판매 불이익과 같은 협소한 주제로 다뤄진 측면이 큰 것 같다. 단순히 한두 기업의 문제가 아닌 것 같은데, 심 의원이 한국판 IRA를 추진한 배경에 대해 말해 줄 수 있나?

심상정 인플레이션 감축법이라고 불리는 미국의 IRA 시행 이후 삼성전자, 현대기아차, 엘지에너지솔루션, 에스케이온 등 전기차와 배터리 업계의 국내 대기업들도 대규모 대미 투자 계획을 발표했다. 기업들이 이대로 속속 떠나면 우리나라 기후위기 대응과 새로운 일자리 창출은 누가 하나? 게다가 미국은 IRA에 필요한 재원 중 2,220억 달러(약 291조 원)를 법인세 최저세율을 15%로 높여서 마련하겠다는 거다. EU도 화석연료 기업에 횡재세의 일종인 연대기여금을 부과하기로 결정한 바 있다. 세금을 제대로 걷어서 기후위기 대응 기업을 지원하고 취약계층의 복지에 쓰겠다는 거다. 작년에 유럽이 추진한 '유럽녹색산업계획'과 '넷제로산업법'은 다 같은 연장선에 있고 일본도 지난해 '녹색전환계획(GX)'을 발표했다.

국제 흐름이 이러한데 고작 법인세 인하라는 낡은 수단을 통해 해외 기업들을 불러들일 수 있다는 생각은 순진하기 짝이 없다. 그럼에도 미국 IRA을 바라보는 우리 정치권의 인식은 매우 협소했다. 미국 IRA의 전기차 세액공제는 고작 총 11,000대에 770억 원을 지원할 뿐인데, 정치권의 관심은 현대기아차의 전기차가 미국의 세액공제 불이익을 받는 것에 대한 걱정으로 한정되어 있었다.

세계는 지금 기후경제로 가고 있고 여기서 각국 정부의 산업정책이 핵심적 역할을 하고 있다. 기후위기 극복의 절박성, 책임성, 세계성 때문에 녹색산업은 국가 주도가 필수적일 수밖에 없다. 그동안 산업정책에 부정적이었던 IMF 같은 국제 금융기구들도 '산업정책의 귀환'을 요청하고 있다. 이제 국가는 정책입안자로서 산업정책을 구상하고, 강력한 투자자로서 녹색산업의 신규 수요 창출에도 나서야 하며, 때로는 기업의 경쟁자로서 혁신을 촉진하는 적극적인 역할을 담당함으로써 '대전환'을 주도해야 한다는 것이 내 생각이다.

탈탄소 산업으로의 전환 과정에서 수많은 노동자

들이 대책 없이 일자리를 잃게 되어선 안 된다. 그래서 정의당은 녹색산업으로 전환하는 과정에서 일자리 전환이 책임 있게 담보될 수 있는 정의로운 전환을 주장하고 있다. 녹색전환과 일자리 확충을 위해 대한민국 녹색산업 전략이 마련되어야 한다. 나와 정의당이 '한국형 IRA' 법안을 준비하게 된 배경이다.

구영식 산업적 측면 이외에 전반적인 기후 민생 구상에 있어서 정의당은 얼마나 준비돼 있나?

심상정 기후변화로부터 안전한 주거와 일터, 기후 취약산업 및 업종 지원, 그리고 폭염, 폭우, 한파 등으로 인한 재난대책의 전면적 재구성을 주장하고 있다.

작년 여름 폭우 참사로 지난 10년 동안 가장 많은 사상자가 발생했다. 산사태로, 지하차도 침수로 많은 시민들이 참변을 당했다. 문제는 작년 대책이 올해 대책이 될 수 없고, 올해 대책이 내년 대책이 될 수 없을 만큼 역대급으로 기후위기가 갱신되고 있다는 것이다. 전문가들은 대한민국은 이미 아열대 기후에 접어들었다고 한다. 과거 온대기후의 장마에 대한 안전대책으로는 대비가 불가능하다. 그래서 지난 폭우 참사는 천재도 인재도 아닌 '국재'라고 생각한다. 국가가 책임을 다

하지 않아 발생한 재난이란 뜻이다.

국토의 70%가 산지인 대한민국에 산사태는 더 빈번하고 큰 규모로 일어날 것이고, 배수지가 없는 아스팔트 도심에 집중호우가 내리면 강남처럼 더 빈번히 잠길 것이다. 인명피해 방지 재난 최소화를 위해, 특별재난지역 선포 등 복구를 위해 당연히 모든 행정력을 동원해야 하겠지만 사후 대책보다 사전 예방대책을 전면적으로 재점검해야 한다. 지금까지 중앙·지방정부의 모든 안전대책과 매뉴얼을 기후위기 대응 체제로 전면 재구성해야 한다.

구영식 2020년에는 장마 기간이 무려 54일이었다. 두 달가량 비가 내려서 정말 당혹스러웠던 기억이 난다. 요즘은 여름과 겨울만 있는 것 같다는 생각을 한다. 겨울은 어떻게 해야 하나?

심상정 작년 겨울에 보았던 한 장의 사진이 기억난다. 서울역 동자동 쪽방촌 건물이었는데, 계단이 마치 얼어붙은 폭포처럼 얼음으로 뒤덮여 있고 그 계단을 주민 한 분이 난간을 잡고 위태롭게 올라가는 모습이 담겨 있었다. 내가 가 봤던 곳이어서 더 마음이 쓰였다. 전국 곳곳의 쪽방촌들이 어떻게 또 이 겨울을 보내고 계시는지 걱정이 된다.

　단순히 난방비 보조금 몇 푼 가지고 해결이 안 된다. 열이 새어 나가는 부실주거에서는 밑 빠진 독에 물붓기와 같다. 쪽방촌의 경우 아파트에 비해 단열 정도가 70~80% 수준이고, 이로 인해 실내온도 1도씨를 유지하는 데 7%의 난방비가 더 들어간다. 한마디로 지옥고(반지하·옥탑방·고시원)에 거주하는 180만 주거빈곤 가구, 20년이 넘은 영구임대 아파트, 오래된 매입임대 등은 주거환경을 개선하지 않으면 백약이 무효다.

　녹색주거 시대는 필연적인 미래이다. 가열과 단열이라는 양방의 종합대책이 절실하다. 가열 난방원을 점차적으로 재생에너지로 전환하고 주거 품질을 개선하여 열에너지 효율을 높여야 한다. 이를 위해 주택마다 재생에너지 발전시설을 확보하고, 주택 에너지 효율진단 의무화 및 기준을 상향시키며, 주택 매매 및 임대 시에너지 효율성을 중요정보로 기재하는 등 제도적 노력이 필수적이라고 본다. 그 시작을 정부가 주관하는 공공임대 주택의 대폭 확충과 그린 리모델링으로 삼자고 제안한다. 에너지빈곤, 주거빈곤, 기후위기 시대 대응을 종합한 최적의 근본대책이 될 것이다.

구영식 작년 여름 폭염에 물류창고 노동자와 건설현장 노동자 등 야외에서 일하는 분들이 여럿 사망했다. 여름은 더 가혹한 것 같다.

심상정 폭염은 소리 없는 살인이다. '기후 안심휴가제'가 도입되어야 한다. 작년에 쿠팡 물류센터 노조가 준법 하루 파업을 벌였다. 중대본(중앙재난안전대책본부)이 4년 만에 폭염 위기경보 '심각' 단계를 발령할 만큼 살인적인 찜통 더위였다. 쿠팡의 작업장은 수백에서 수천 명이 근무하는 노동자의 일터임에도 물류창고로 분류되고 있다는 이유로 그동안 냉난방 설치 의무를 기피해 왔다. 기계도 고장 날 만큼 가혹한 날씨인데, 쿠팡 노동자들의 요구 조건이 너무나도 소박해서 눈물이 날 지경이었다. '폭염 시 고용노동부 지침에 따라 매시간 휴게시간 보장해 달라!' '체감온도를 제일 더울 때, 제일 더운 장소를 기준으로 공식적인 기상청 계산기 이용해 측정하라!' 그저 열사병에 죽지 않게 몸 좀 식힐 시간을 달라며 정부 지침 좀 지켜 달라는 것이었다.

축구 경기도 45분을 하면 15분 휴식시간을 주고, 체감온도가 32도가 넘어가면 '쿨링 브레이크'를 따로 도입해 운영한다. 쿠팡이 축구 중계에는 나서면서 왜 이런 건 배워 오지 않는지 모르겠다. 스포츠도 이럴진대 하루 9시간씩 매일같이 일하는 노동현장이 아직도 폭염, 한파에 무방비 상태이니 몹쓸 기업 아닌가.

질병관리청에 따르면 2023년 온열질환자(온열질환 추정 사망자 포함)는 4천526건으로 확인됐다. 기록적 폭염이 있었던 2018년 이후 최대 규모다. 직무별로 단순노무 종사자, 농어업 종사자, 장치 기계조작 및 조립 종사자, 기능원 및 관련 기능 종사자순이었고 연령별로는 5060 세대가 전체의 39.5%나 됐다. 지난해 기준 한랭질환자(한랭질환 추정 사망자 포함)로 집계된 447건 가운데 50, 60대 이상 노인은 전체 68%나 되었다.

기후위기로 기계도 고장 날 만큼 육체노동에 가혹한 환경이 조성됐다. 폭염특보 발령 시 10~15분 이상 규칙적으로 휴식을 부여하는 기존 지침으로 생명을 지킬 수 없다. 이제 기온이 일정 기준 이상으로 올라가거나 내려가는 날, 또는 기간에는 일을 중단하는 '기후 안심 휴가제'를 도입해야 한다. 냉난방 설치 의무가 없는 창고 등 폭염 노동 사각지대를 메워야 한다. 현재 산업안전보건법 시행령은 용광로, 소각장 같은 '고열' 작업으로만 축소되어 있다. 사람이 쓰러지는 것은 용광로뿐만

이 아니다. 물류와 건설 등 폭염 노동을 포괄할 수 있도록 '고온'으로 기준을 다시 세워야 한다.

저자 후기

이 책은 촛불과 함께 분투해온 시간에 관한 나의 기록이다. 우리가 걸어온 발자국이 함부로 지워져선 안 된다는 일념으로 이 책을 썼다. 우공은 결국 하늘을 감명시켜 산을 치우고 길을 낸다. 우리는 지금 함께 산을 옮기고자 사력을 다했던 길목에 서 있다. 나는 다시 다짐한다. 여러분들을 다시 불러 모으고 여러분들과 함께 끝내 산을 옮기고야 말겠다고. 그래서 이 책의 제목은 『우공의 길』이다.

이 책에 언급되신 분들께 양해의 말씀을 드린다. 정치인 심상정이 걸어온 길에는 수많은 분들이 동행했지만 이 책에선 가급적 언급을 최소화했다. 관련되었지만 미처 언급되지 못하신

분들께서 해량해주시기를 바란다. 또 부득이하게 사건의 기술 차원에서 언급된 분들께는 누가 되지 않기를 바란다.

갑작스럽게 같이 책을 내보자는 제안에 흔쾌히 인터뷰어로 나서 식은땀이 날 정도로 집요하게 질문을 던져준 구영식 기자에게 감사의 말을 드린다. 이 책의 탄생을 위해 산파 역할을 자처해준 의원실의 나호선 비서관과 촉박한 시간에 발을 동동 구르며 원고를 기다렸을 출판 관계자 여러분께도 감사 말씀 드린다.

무엇보다 박봉을 쪼개서 당비를 보태고, 휴가 반납해 거리 피케팅에 나서고, 전월세금 보증금 빼서 선거에 도전했던 수많은 당원의 헌신이 진보정치 24년을 엮어왔다. 마음 깊은 헌사를 보낸다. 또 늘 부족했던 저와 진보정치를 믿어주시고 격려해주신 시민 여러분께 죄송한 마음을 담아 깊은 감사를 드린다. 이제 남은 것은 제가 그 빚을 갚는 일이다.

2023. 12. 27.
정의당 국회의원 심상정

부록

노동이 있는 민주주의
정의로운 대한민국을 만들겠습니다

존경하는 국민 여러분,

작년 크리스마스이브, 창원에서 열린 촛불집회에 스물넷 청년이 무대에 올랐습니다. 그리고 간절히 물었습니다. "박근혜가 퇴진하면 내 삶이 나아질까요?"

회사 생활한 지 4년이 되었지만, 월급은 최저임금에 고정돼 있다고 했습니다. 세금 떼고 120만 원 받아 이것저것 떼이고 나면 10만 원도 채 남지 않는다고 했습니다. 좋아하는 사람이 있지만 결혼은 꿈도 못 꾼다고 했습니다. 미래만 생각하면 가슴 한 귀퉁이에서 슬픈 감정이 올라온다고 말했습니다.

자신이 사는 얘기를 담담히 말하던 청년은 서러움으로 꽁꽁 싸맨 한마디를 내뱉습니다. "저는 이대로 20년, 30년 살라고 하면 못 살 것 같습니다."

끝날 기미도 없이 이어지는 고단한 삶에 절망하면서도, 선배 노동자들이 투쟁으로 따낸 최저임금에 감사하는 착한 청년이었습니다. 그 영상을 보며 울었습니다. 그가 역사책에서 배운 87년 노동자 대투쟁의 성과는 '최저임금'만이 아니었습니다. 노동자들의 국회의원도 있었습니다. 바로 접니다. 참 미안하고 부끄러웠습니다.

30년 전, 구로공단으로 향하던 마음을 다시 새깁니다. 그때처럼 두렵고 떨리지만, 그때처럼 이 길이라는 확신이 있습니다. 평범한 그 청년의 소박한 꿈, '열심히 일하면, 일한 만큼 대가를 받는 행복한 사회'를 만들기 위해 정의당 19대 대선후보 경선에 참여하고자 합니다.

존경하는 국민 여러분,
국민의 삶을 바꾸는 근본적인 개혁을 추진하겠습니다.
지난 60년 대한민국은 숨 가쁘게 달려왔습니다. 세계에서 가장 가난했던 나라가 세계 10위권 경제 대국이 되었습니다. 반세기 만에 1인당 GNP가 500배 가까이 성장한 나라는 과거에도 없었고 앞으로도 없을 것입니다.
국정농단에 대한 분노뿐이었다면 천만 촛불은 불가능했을 것입니다. 끝이 보이지 않는 고단하고 피폐한 삶에 대한 근본적 의문이 촛불 광장을 열었습니다. 무도한 정권의 퇴출을 넘어, 불의한 체제의 근본적 변혁을 바라고 있습니다. 그래서 '이게 나라냐'라는 질문은 '같이 좀 살자'는 절규입니다.

산업화 30년, 국가와 기업이 국민에게 약속했던 풍요로운 미래는 오지 않았습니다. 민주화 30년, 노동자, 농민, 중소자영업자 등 가난한 사람을 위한 민주주의는 작동하지 않았습니다. 군부독재는 끝났지만, 기득권 정치는 더욱 강화됐습니다. 두 차례 정권교체가 있었지만, 국민의 삶은 더 어려워졌습니다.

법은 철저히 강자의 이익만 편들었습니다.

산업화와 민주화를 동시에 달성한 유일한 나라라는 환호 뒤로 2017년 대한민국은 세계에서 가장 불평등하고, 가장 아이를 낳기 어려운 나라가, 또 청년에게는 헬조선이 되었습니다.

사람을 살려야 합니다.

청년을 다시 일으켜 세우고, 여성에게 희망을 줘야 합니다. 비정규직, 농민, 자영업자 등 일하는 사람들이 꿈꿀 수 있는 사회가 되어야 합니다.

국가는 경제 수준에 걸맞은 국민 삶의 질을 보장하기 위해 노력할 의무가 있습니다. 인간의 존엄성이 보장되고, 노동의 가치를 존중하고, 생태 가치를 우선하여 고려하는 국가 패러다임의 대전환을 이루겠습니다.

권력과 부의 세습을 근절하고 불평등 해소를 위해 정치, 재벌, 검찰, 그리고 언론·교육 등 사회 전반의 과감한 개혁을 힘 있게 추진할 것입니다.

모두 함께 잘 사는 노동복지국가 만들겠습니다.

1. 노동 개혁을 새로운 정부 제1의 국정과제로 삼겠습니다.

사랑하는 국민 여러분,

모든 사람은 행복할 권리가 있습니다. 누구든 노동을 통해서 자아실현을 하고 자신의 노력에 대해 정당한 대가를 받을 때 행복할 수 있습니다. 그래서 우리 헌법은 노동권 보호를 국가의 기본 임무로 규정하고 있습니다.

그러나 불행히도 대한민국 압축성장의 역사는 노동을 배제하고 억압해 온 역사입니다. 이제 벼랑 끝에 내몰린 노동을 방치하는 어떤 양극화 해소, 해법도 공염불이 될 것입니다.

과로사를 위협하는 장시간 노동, 반값 인생 비정규 노동, 미래를 설계할 수 없는 최저임금 등 참혹한 노동 현실을 과감하게 개혁하겠습니다. 일하기 좋은 나라를 만들겠습니다.

노동 부총리제를 신설하고, 노동 전담 검사제를 도입하며, 고용노동부를 개편하여 고용청, 근로감독청, 산업안정청을 분리 설치하겠습니다.

무엇보다 우선해서 만연한 임금체불, 쪼개기 계약, 과로사 노동 등 불법·탈법 노동착취를 엄하게 다스려서 법의 사각지대에 방치된 노동 인권을 보호할 것입니다.

대통령 직속으로 '노동시간 단축특별위원회'를 구성해서 '주 40시간 완전 정착'과 연간 실 노동시간 OECD 평균 1,800시간으로 줄이겠습니다. 노동시간 단축으로 질 좋은 일자리 창출하고 과로 사회 탈출하겠습니다.

임기 내에 국민 월급 300만 원 시대 만들겠습니다. 비정규직 정규직화, 동일노동 동일임금 원칙 적용, 최저임금 1만 원 인상, 최고임금제 도입, 실업급여 확대 등을 통해 현재 소득격차 10배를 7배로 줄이겠습니다.

노동조합 조직률 제고, 단체행동권 보장, 노사 공동결정 제도의 도입 등 노동의 교섭 능력과 참여를 획기적으로 높여 나갈 것입니다.

이미 수명이 다한 노사정위원회를 해체하고, 중앙과 광역 시도에 노·사·정·시민사회 등이 참여하는 사회적 합의 기구 '경제 사회 전략대화'를 설치할 것입니다.

2. 재벌세습 경제 단절, 불평등 해소하는 정의로운 경제를 실현하겠습니다.

박영수 특검이 이재용 삼성전자 부회장 구속영장 청구를 하면서 내세운 단어가 '경제'가 아닌 바로 '정의'였습니다. 오늘 새벽 법원의 구속영장 기각 소식을 듣고 저를 비롯한 많은 국민은 우리 헌법 제1조 1항을 '대한민국은 삼성 공화국이다'로 읽었을 것입니다.

1%의 소수 대기업과 부자의 번영을 위해 99%가 볼모로 잡히는 경제는 정의롭지 못합니다. 불평등을 심화시키는 정경유착, 낡은 부패 기득권 끝장내야 합니다.

이를 위해 무엇보다도 먼저 재벌 3세 경영세습을 금지하고 재벌 독식 경제를 개혁하겠습니다. 애초부터 법대로만 해도 재벌 3세 세습 과정에서 벌어지는 부패와 정경유착은 근절됩니다. 거의 모든 대선후보가 앞다투어 재벌개혁을 외치고 있지만, 가장 필요한 것은 더 이상 총수 일가의 불법과 탈법을 봐주지 않겠다는 대국민 약속입니다.

또 최후의 구조 교정 수단인 기업분할, 계열분리 명령제를 도입하여 재벌의 불공정거래 및 총수 일가의 부당한 사익 추구를 막겠습니다. 출발선이 다른데 공정한 경쟁만을 주장하는 것으로는 불평등을 막을 수 없습니다. 고통 분담은 상위 1%부터 시작해야 합니다.

이를 위해 불평등 해소를 위한 3대 대압착(great compression) 플랜을 추진하겠습니다.

노동시장 안에서는 '최고-최저임금 연동제(일명 살찐고양이법)'를 적용하고, 대·중소기업 간의 격차 해소를 위해 '초과이익공유제'를 실현하며, 노동시장 밖은 '아동·청년·노인 기본소득제'를 단계적으로 도입하겠습니다.

녹색 생태산업, 미래성장산업, 사회적기업을 중심으로 성장동력을 육성하겠습니다.

향후 10년 내 OECD 평균 수준의 복지국가를 만들 것입니다. 노동조합·중소기업 등 사회적 약자의 경제주권을 획기적으로 신장시키겠습니다.

3. 2040년 원전 제로, 탈핵 생태 국가를 만들겠습니다.

서울 하늘이 살인적인 북경 하늘을 닮아가고 있습니다. 사람들은 중금속이 함유된 미세먼지, 황사로 고통받고 있습니다. 기후변화에 대한 특단의 대책이 없다면 50년 후, 대한민국의 애국가 2절 '남산 위의 저 소나무'는 '저 야자수'로 바뀌어야 할 것입니다. 생태 위기는 바로 오늘, 시민들의 삶에 가장 큰 위협이 되고 있습니다.

그 가운데서도 핵발전소의 안전은 대한민국이 가장 시급하게 해결해야 할 과제입니다. 경주 지진에서 보았듯이 활성단층 위에 핵발전소를 두고 살 수는 없는 일입니다. 독일, 스위스, 대만 등 지금 세계는 속속 탈핵의 대열에 동참하고 있습니다.

우리나라는 25기가 발전 중인 세계 최고의 핵발전 밀집 국가입니다. 국민의 생명과 공동체의 미래가 걸려 있는 중대한 사안인 만큼, 국민의 위험에 대한 자기 결정권이 행사되어야 합니다.

원전 진흥 정책의 폐기와 2040년 탈핵을 목표로 한 원전 정책에 대해 헌법 제72조에 의거해 국민투표를 실시하겠습니다.

수명이 다한 원전은 폐쇄하고, 신규 발전소 건설은 중단하겠습니다. 독일의 에네르기벤데와 같은 '에너지전환 2040 위원회'를 대통령 직속에 설치하여, 1.7%에 그치고 있는 재생가능에너지에 대해 대대적인 투자를 할 것입니다. 그래서 질서 있는 에너지전환을 이루어 내겠습니다.

4. 한반도 평화 체제 실현을 위해 '적극적 평화외교'

진짜 안보를 위한 과감한 국방개혁을 추진할 것입니다. 미국과 중국 사이에서 어설픈 균형을 추구하는 소극적 외교로는 국가의 생존과 번영을 도모할 수 없습니다. 강대국의 틈바구니에서 눈치 외교, 줄서기 외교로 일관한 결과 대한민국은 외교 미아가 되어 버렸습니다. 사드 배치 과정에서 보듯이 한국은 국제정치라는 장기판의 졸로 전락했습니다.

한반도 주변 정세를 주도하면서 평화공존의 새 질서를 창조하는 평화의 리더십이 그 어느 때보다 필요합니다. 저는 강대국 간의 갈등을 중재하고 협력을 도모하는 '적극적 평화외교'를 추진할 것입니다.

핵 시대의 문턱에서 지금 우리가 집중해야 할 것은 북한 핵 동결, 전쟁 방지, 긴장 완화입니다. 이것을 당면목표로 제2의 페리 프로세스를 적극 추진해야 합니다. 강압이냐, 포용이냐의 이분법을 넘어 무엇보다 북한을 대화의 테이블에 앉히고 북핵 동결을 이끌어내는 인센티브를 책임 있게 제시해 나가야 합니다. 더불어 주변국들이 서로의 국가안보 이익을 조정하고 보장하는 한반도 평화협정 체결을 추진해 가겠습니다.

보수가 독점한 '안보'를 주권자인 시민에게 되돌려 줄 과감한 국방 개혁을 추진하겠습니다. 그 하나로 민간인 국방부 장관 시대를 열겠습니다. 국방을 민주적으로 통제하면서 투명한 국방 운영을 통해 국가안보의 틀을 재구성하기 위해 불가피한 선택이라고 생각합니다.

6개월 의무복무 후 4년의 전문 병사제도를 도입하여 튼튼한 군을 만들 것입니다. 인구절벽 시대에 우리의 군을 정예화된 강한 군대로 재편할 것입니다. 방산 비리 척결, 병사들에게 최저임금의 40% 지급, 군사법원 폐지로 군 인권 등 개혁을 시행하여 '안보 장사'가 아닌 '진짜 안보'의 기틀을 세워 나갈 것입니다.

5. 과감한 정치개혁으로 국민주권주의를 실현하겠습니다.

결국 정치가 모든 문제를 푸는 출발입니다. 정치개혁은 모든 개혁의 빗장을 여는 열쇠입니다. 천만 촛불로 실현한 '국민주권주의'를 다시 장식으로 만들어선 안 됩니다. 국민주권주의를 제도화하는 과감한 정치개혁이 필요합니다.

국민을 닮은 국회를 만드는 '정당명부 비례대표제' 확대, 넓고 낮은 정부 수립을 위한 '제왕적 대통령제' 개혁, 선진적 연합정치 구현을 위한 '결선 투표제' 도입, 국민주권주의 확장을 위한 '18세 선거연령 하향'이 그것입니다.

지금이 정치개혁의 적기입니다. 내가 대통령이 되면 하겠다는 약속은 거짓입니다. 지금 해야 합니다. 미룰 이유가 없습니다.

이런 정치개혁의 기반 위에서 국민 기본권 확대, 지방분권 및 자치 강화, 의회 중심의 권력구조 개편을 위한 개헌을 추진해 나가겠습니다.

정의로운 나라를 위해서 불의하고 부패한 권력기관에 대한 대대적인 수술도 진행할 것입니다.

무엇보다 확실한 검찰개혁으로 거꾸로 선 검찰을 바로잡겠습니다. 부패검찰, 정치검찰을 단호히 솎아 내 권력 사유화를 근절하겠습니다. 수사권 기소권 분리, 검찰총장 직선제 등을 통해 무소불위의 검찰을 견제하겠습니다.

국정원의 국내 정치, 사찰을 원천적으로 금지하고, 대북 및 해외 테러를 전담하는 해외정보원으로 개편하겠습니다.

존경하는 국민 여러분,

대한민국은 대전환기에 있습니다. 우리 사회가 당면한 위기를 타개하는 가장 확실한 정치 해결책은 정의당에 있다고 자부합니다.

많은 국민은 선진국의 잘 갖춰진 복지시스템을 부러워합니다. 또 빈곤이 없고, 서로 평등하고 차별이 없는 나라를 동경합니다. 인권과 자유가 폭넓게 보장되고, 계층상승의 사다리가 잘 갖춰진 나라로 이민을 가고 싶다고 말하는 분들도 많습니다.

그러나 그 많은 분이 정작 말하지 않는 것이 있습니다. 선진 복지국가는 대부분 강력하고 유능한 진보정당이 그 사회의 주축 정당이라는 점입니다.

2004년 진보정당이 첫 원내 진출을 하면서 한국 사회에 복지의 씨
앗을 뿌렸습니다. 성장제일주의가 압도하는 대한민국에서 금기어나 다
름없던 복지, 노동의 정치를 세우고, 이를 보편적인 정치 언어로 만들
었습니다.

진보정당은 특권과 차별을 앞세운 기득권에도 과감히 도전했습
니다.

장애인, 비정규직, 사회적 약자에 대한 모든 차별과 맞서 헌신적으
로 싸웠고, 특권과 반칙이 없는 사회를 만들기 위해 노력해 왔습니다.

이번 탄핵 국면에서 정의당은 민심을 가장 정확히 읽었고, 가장 먼
저 국민께 달려갔습니다. 다른 야당이 주저하고 흔들릴 때마다 중심을
잡은 것은 저희 정의당입니다. 여의도와 광장을 부지런히 오가며, 끝내
탄핵 가결을 이끌어냈습니다.

많은 정당과 정치인들이 민생을 말하지만 제대로 된 민생정치를
본 사람은 없습니다. 대선 때마다 불평등과 양극화 해소를 이야기했지
만, 책임진 대통령은 없습니다.

아무리 민생을 앞세워도 헌신적으로 사회적 약자들과 함께 싸워오
지 않은 정당은 민생정치를 실현할 수 없습니다. 아무리 개혁을 말해도
기득권에 맞서 흔들림 없이 싸워오지 않은 정치인은 개혁을 실천할 수

없습니다.

감히 말씀드립니다.

촛불 시민이 요구하는 기득권 타파, 과감한 민생 개혁을 가장 잘할 수 있는 당 정의당입니다. 저 심상정입니다.

국민 여러분께서 정의당에 던지는 지지만큼 한국 사회는 개혁될 것입니다. 국민께서 심상정에게 주는 지지율만큼 고단한 청년과 여성들의 삶은 개선될 것입니다.

저는 정의당이 더 강해지는 만큼 우리 정치가 좋아질 것이라는 확신합니다. 정의당을 미래 대안 정당으로 우뚝 세워 나가기 위해 대통령 후보로서 혼신의 힘을 다하겠습니다.

감사합니다.

전환의 정치로 시민의 시대를 열겠습니다!

1. 저 심상정, 오직 국민에게만 빚을 진 사람입니다.

존경하는 국민 여러분, 심상정입니다.

잠시 스쳐 지나갈 줄 알았던 코로나19가 해를 넘겨 계속되고 있습니다. 최전선에서 애쓰고 계신 의료진 여러분, 모두를 위해 희생하고 계신 자영업자 여러분, 또 하루하루 어려움을 함께 견뎌내고 계신 모든 시민께 깊은 위로의 말씀을 올립니다.

국민 여러분,

다시 대한민국을 바꿀 시간이 다가왔습니다. 여러분들은 어떤 대통령을 원하십니까? 대한민국이 어떤 사회가 되길 바라십니까? 우리 시민 한분 한분은 어떤 삶을 갈망하십니까?

이런 질문조차 부질없다고 생각하신다는 걸 알고 있습니다.

여든 야든 다 자기 밥그릇 챙기려고 맨날 싸움 하는 거지, 피눈물 나는 시민들은 안중에나 있나? 기대도 관심도, 찍을 사람도 없다는 시민 여러분의 원망과 분노가 절절히 다가옵니다.

그렇지만 국민 여러분, 정치를 포기하기에는 하루하루가 너무 고단하지 않습니까? 앞날이 막막하지 않습니까? 뭔가 길을 내야 하지 않습니까?

내년 대통령 선거는 시민 여러분들의 결단 시간입니다. 여러분들만이 새로운 정치의 길을 내고 자신의 삶을 바꿀 수 있습니다.

존경하는 국민 여러분!

저는 지난 20년 동안 오로지 더 좋은 사회를 만들고자 하는 일념으로 정치를 해왔습니다. 일하는 사람들에게는 용기가 되고 싶었고 청년과 여성들에게는 위로가 되기를 바랐습니다. 모든 시민의 삶을 드높이고자 최선을 다했습니다. 수많은 시민께서 심상정의 진심을 알아주시고 격려해 주셨습니다.

그렇지만 작은 정당의 힘만으로 세상을 크게 바꿀 수는 없었습니다. 큰 정당에 가서 판을 엎어보라는 말씀도 수없이 들었습니다. 하지만 가지 않았습니다. 그 길은 시민과 멀어지는 길이었고, 미래를 포기하는 길이었기 때문입니다.

저는 권력이 나눠주는 힘에 기대지 않고 오직 시민 여러분들이 잡아주시는 그 힘에만 의지해서 여기까지 왔습니다. 그것이 무엇과도 바꿀 수 없는 저와 정의당의 자부심입니다. 저 심상정은 오직 국민에게만 빚을 진 사람입니다.

국민 여러분,

권력에 기대지 않고 재벌에 고개 숙이지 않은 사람이 더 잘할 수 있는 일이 있습니다. 큰 정당이 아니라도 20년간 신념을 지켜온 사람이 꼭 필요할 때가 있습니다.

바로 지금이 그때입니다.

지구의 온도가 1.5도 높아지는 기후 대재앙 시점이 2040년으로 10년 앞당겨졌습니다. 팬데믹으로 불평등의 골짜기는 더욱더 깊어졌습니다.

우리에게 미래가 있나요? 다음 세대가 묻고 있습니다. 지금까지의 무한 개발, 무한 경쟁의 성장 공식은 파멸로 가는 지름길입니다. '해오던 대로 더 잘하면 되겠지!' 그런 미봉책으로는 안 된다는 것, 우리 국민께서 누구보다 잘 아시지 않습니까.

과감한 전환의 정치로 이 위기의 시대를 건널 수 있는 대통령, 과연 누구겠습니까? 여러분!

미래가 준비되어 있고, 오로지 시민 편에서 당을 넘어 협력할 수 있고, 확고한 소신과 역량을 갖춘 정치인, 감히 저 심상정이라고 자신 있게 말씀드릴 수 있습니다.

저 심상정은 기후위기와 불평등 해결을 위한 정의로운 전환의 정치를 시작하겠습니다. 국가의 시대, 시장의 시대를 넘어 시민의 시대를 열겠습니다. 탈출하고 싶은 나라가 아니라 우리 모두가 살고 싶은 나라를 만들겠습니다.

시민 여러분, 저 심상정을 이 위기의 시대를 건너 미래로 가는 다리로 써주십시오.

2. 국가의 시대, 시장의 시대를 넘어 시민의 시대를 열겠습니다.

국가가 경제를 주무르고, 인권을 유린하던 시대가 있었습니다. 그리고 드디어 대통령을 내 손으로 뽑는 시대를 열었습니다. 그러나 故 노무현 대통령님의 말씀대로 권력은 통째로 시장에 넘어가 버렸습니다.

40년 국가의 시대에 이어 30년간 시장의 시대가 계속되고 있습니다. 제도적 민주주의는 이뤘지만, 시민의 힘은 턱없이 약했습니다. 민주화 이후에도 국민께서는 산업화, 민주화 세력에게 번갈아 기회를 주셨습니다. 그들이 압축성장과 압축 민주화의 어두운 그늘을 걷어내기를 바라셨습니다. 정치, 경제, 사회, 모든 부분에서 분권이 실현되고 삶의 질을 높이는 다원화 사회로 나아가기를 갈망했습니다.

그러나 이런 시대적 과제들은 지체되고 유보됐습니다. 정치가 시장 권력을 지원하는 데만 매달렸기 때문입니다.

생명보다 이윤을 앞세우는 기업문화를 옹호했고, 경제 논리를 내세워 번번이 재벌 총수들의 불법에 면죄부를 주었습니다. 이명박, 박근혜 정부에 권력을 주었지만 돌아온 것은 4대강 사업, 세월호 참사와 국정농단이었습니다. 1,700만 촛불로 들어선 문재인 정부는 모두가 잘 사는 나라를 만들 수 있었던 대한민국 역사상 가장 좋은 기회를 허비했습니다.

그 결과 우리나라는 자살률 1위, 노인빈곤율 1위, 세계 최고 수준의 산재 사망률 등 GDP를 제외한 대부분 사회지표에서 OECD 최하위를 기록하고 있습니다.

무엇보다 세계 최저 출생률은 해마다 낮아지고 있습니다. 지난 7월 대한민국은 UN으로부터 명실상부한 선진국 지위를 얻었습니다.

그러나 국민은 '과연 내 삶도 선진국인가?' 허탈해하고 있습니다. 그럼에도 산업화, 민주화 세력은 '시장을 이기는 정부는 없다'라며, 여전히 시장 권력 뒷바라지에 여념이 없습니다.

이제 시장의 시대는 끝내야 합니다.

심상정 정부는 생명과 인권을 지키기 위해서라면 시장을 단호히 이기는 정부가 될 것입니다. 심상정 정부는 노동자, 하청기업, 대리점과 가맹점 등 시장 안의 모든 약자에게 시장 기득권에 맞설 수 있는 단결권을 부여하겠습니다.

우리 사회 모든 분야와 마을에까지 분권과 자치를 대폭 확대하는 정부가 될 것입니다. 국가와 시장을 견제하고 균형을 이루는 강한 사회를 형성하겠습니다.

대권보다 시민권이 강한 나라 만들겠습니다. 시민의 시대를 힘차게 열어가겠습니다.

3. 양당 승자독식 정치체제를 종식하는 선거가 되어야 합니다.

존경하는 국민 여러분,

30여 년간 번갈아 권력을 잡고도 시민의 생명권조차 바로 세우지 못한 세력들이 또 뻔뻔스럽게 권력을 탐하고 있습니다. 거기서 대통령 되겠다는 사람 중에 누구 하나 똑바로 반성하는 사람이 없습니다.

우리 시민들이 70년간 피와 땀으로 쌓아 올린 성과를 소수 특권층의 행운으로 빼돌린 정치, 우리 청년들의 미래를 빼앗은 정치에 대해 이제는 책임을 물으셔야 합니다.

국민 여러분, 정권이 아니라 정치를 교체해 주십시오!

이번 대통령 선거는 거대양당의 승자독식 정치를 종식하는 선거가 되어야 합니다. 지금까지 양당정치는 서로 격렬하기만 할 뿐, 민생 개혁에는 철저히 무능했습니다. 권력에 대한 욕망만 가득할 뿐, 그 안에는 시민도 미래도 없습니다.

이제는 34년 묵은 낡은 양당 체제의 불판을 갈아야 합니다. 무엇보다 기후위기와 불평등에 대응하는 전환적 과제를 풀어가려면 대통령 한 사람, 한 정당, 한 정권의 역량으로는 부족합니다. 다양한 시민의 의사가 반영되는 의회중심제, 다당제를 바탕으로 한 책임 연정으로 나아가야 합니다.

많은 분이 저에게 작은 정의당이 집권한다고 국정을 운영할 수 있나? 늘 물으십니다.

여러분, 비주류가 주류를 바꾸는 과정이 바로 정치교체입니다.

자신 있습니다.

무엇보다 시민 여러분들이 있지 않습니까. 정부에 무조건 찬성만 하는 여당, 무조건 반대만 하는 제1야당은 협치를 할 수 없습니다. 저와 정의당은 국민의 입장에서 늘 옳은 것은 옳고, 아닌 것은 아니라고 말해왔습니다. 오로지 국민의 편에 선 세력만이 원칙에 따른 연합정치를 운영할 수 있습니다.

4. 내년 대선은 대한민국 최초의 기후투표입니다.

국민 여러분, 이번 대선은 대한민국 최초의 기후투표가 될 것입니다. 기후위기 앞에 개인도, 기업도, 국가도 이대로 살 순 없습니다. 더 이상 퇴로가 없습니다.

기후위기에도 차별이 있습니다. 힘 있고 돈 있는 사람들은 해수면이 높아지면 더 높은 곳으로 가면 되고, 혹한과 폭염에도 다른 나라로 피하면 그만입니다. 가진 자들은 살아남고, 대다수 시민과 영문도 모르는 비인간 생명체들은 속수무책으로 재앙에 직면하게 될 것입니다.

기후위기 대책은 정책이 아닙니다. 전환입니다.

성장 중심의 사회 경제체제를 공존의 체제로 전환하는 것입니다. 이제 정치도, 산업도, 우리의 일상도, 가치관까지 지구가 감당할 수 있는 한계 안에서 재구성해야 합니다.

가장 먼저, 200년 넘은 화석 에너지 체제를 끝내야 합니다. 2030년까지 인류의 화석 에너지 사용량을

절반 이상 감축하지 못하면 '대멸종'이 시작됩니다. 에너지 체제 전환은 획기적으로 이뤄져야 합니다. 지금 한가롭게 '녹색성장'을 운운하고, 다른 나라에 석탄화력발전소 건설을 지원하고 있을 때가 아닙니다.

화석 에너지의 대안은 핵발전이 아니라 재생에너지입니다. 2030년에는 재생에너지가 전력 생산의 절반을 책임지도록 에너지 혁

명을 시작하겠습니다. 온실가스 배출은 국제사회가 요구한 절반 수준으로 떨어뜨려 선진국의 소임을 다하겠습니다.

정의로운 전환의 원칙에 따라 에너지전환 과정에서 일자리를 잃는 노동자들에게 재생에너지 사업 일자리를 가장 먼저 제공할 것입니다.

사람과 자연의 조화를 제1 목표로 두는 공존경제 체제로 전환을 서두르겠습니다.

녹색경제, 녹색산업, 녹색도시로의 전환을 위해서 대규모 공공투자를 시작하겠습니다. 우리의 장점인 디지털 혁신을 탄탄히 연결한 녹색 투자주도 경제로 일자리를 만들겠습니다.

녹색 철도 중심의 지역 및 광역 교통 체계를 확립하고, 2030년까지 도로 위에 2대 중 1대는 전기차가 달리게 하겠습니다. 전국의 모든 건축물이 재생에너지 발전소가 될 수 있도록 공공 그린 리모델링 사업을 확대해 나갈 것입니다.

이 과정에서 국토 균형발전과 공간의 민주화를 함께 추진하겠습니다.

기후위기 극복은 대통령 혼자서 이룰 수 없습니다. 정치권의 초당적 협력으로도 부족합니다. 시민의 참여가 절대적으로 필요합니다. 이를 위해서 정치권은 물론 지역과 시민사회까지 참여하는 '국가 기후 비상 회의'를 구성하겠습니다.

기후위기 극복을 위해 전국에서 애쓰고 계신 시민 여러분, 청소년 여러분, 정치인 여러분!

정치의 중심을 향해 돌격해 주십시오. 저와 정의당은 녹색을 향해 전력 질주하겠습니다.

우리 서로 손 잡고 지구를 지킵시다. 우리의 미래를 지킵시다.

5. 새로운 사회계약, 저 심상정이 가장 잘할 수 있는 일입니다.

존경하는 국민 여러분. 68년 묵은 노동법, 72년이 지난 토지개혁, 이런 낡은 제도가 불평등을 조장해 왔습니다. 저는 낡은 사회계약을 과 감히 폐기하고 공존의 사회계약을 강력히 추진하겠습니다. 53년에 만 들어진 지금의 노동법은 수명을 다했습니다.

제가 대학 시절 학교를 박차고 나와 25년 노동운동에 뛰어든 것은 사문화된 노동법을 살려내고, 법의 존재조차 모르던 노동자들에게 노 동법을 알려드리기 위해서였습니다. 그런데 이제는 노동법을 살려놔 봐야 비정규직, 특수고용직, 플랫폼, 초단시간 노동자들처럼 법 밖으로 내쳐진 사람들이 700만입니다.

플랫폼과 같은 첨단산업이 미래를 구원할 것처럼 요란을 떨었지만 노동을 쪼개고 노동자를 법 밖으로 떨어내는 일이 첨단을 달리고 있습 니다.

5인 미만 사업장 노동자들은 얼마 전 광복절 대체휴일에도 쉬지 못했습니다. 연차휴가도 생리휴가도 보장받지 못합니다. 또 코로나19 최전선에서 과로로 쓰러져 가는 간호사분들은 법정 노동시간 적용조차 받지 못하고 있습니다. 배달 노동자들은 플랫폼 기업에 노동조건 개선을 요구하지 못하고 있습니다.

저는 고용관계를 기준으로 하는 현행법을 폐기하고 모든 일하는 시민들에게 동등한 권리를 부여하는 신노동법을 추진하겠습니다.

일할 권리, 단결할 권리, 여가의 권리, 신 노동 삼권을 보장하겠습니다.

알고리즘에 의한 노동착취와 인권 침해, 골목상권 갑질, 비용 떠넘기기, 거대 플랫폼 기업들의 횡포를 바로잡겠습니다.

이중구조를 넘어 다중구조가 되어 버린 노동시장 격차를 해결하기 위해 중층적 사회적 합의를 주도하겠습니다.

저 심상정이 꼭 해야만 하는 일이고 가장 잘할 수 있는 일입니다.

노동이 당당한 나라! 반드시 이뤄내겠습니다.

국민 여러분,

사회계약의 근본적인 전환이 필요한 영역이 자산 불평등입니다. 대한민국은 지금 불로소득 주도사회가 되었습니다. 누군가의 불로소득은 누군가의 노동소득을 약탈한 결과입니다. 저는 땀 흘려 일하는 보람이 자부심의 원천이 되는 사회를 반드시 만들겠습니다.

저는 토지공개념부터 확고히 세울 것입니다.

해방 이후 대한민국은 농지개혁을 통해 출발선을 균등하게 그었습니다. 그러나 지난 70년을 토건 세력이 지배하도록 방치하는 사이 대한민국은 세계에서 가장 불평등한 국가가 됐습니다. 대한민국 국토는 5천만 국민 모두의 것입니다. 그렇다면 그 토지의 소유와 이용에 대한 원칙을 공동체가 합의해야 하지 않겠습니까?

필요에 의한 개인과 기업의 토지 소유는 인정하되, 시세차익을 노린 토지 소유는 세금을 통해 철저히 억제할 것이며, 불필요한 토지의 매각을 유도하여 국토의 효율적인 이용을 도모할 것입니다. 기득권 세력에 의해 번번이 좌초되었던 토지초과이득세, 국민적 합의를 반드시 이끌어낼 것입니다.

또한 최소한 시민의 80% 이상은 집 걱정 없이 살 수 있도록 질 좋은 공공주택 공급을 확대할 것입니다.

기후위기 시대의 녹색건축 철학을 담아 모두가 살고 싶은 신개념 공공주택을 짓겠습니다.

최저주거기준을 대폭 상향하고, 주거급여를 확대해서 모든 시민들이 집다운 집에 사는 기쁨을 누릴 수 있도록 하겠습니다.

이와 함께 복지에 대한 사회계약도 혁신하겠습니다. 평생 울타리 소득체계를 구축하겠습니다. 프리랜서라도, 자영업자라도, 노동을 통해 소득을 얻는 시민이라면 자동으로 사회보험에 가입되는 소득 기반 사회보험, 그리고 범주형 기본소득을 통해 국가가 최소한의 소득을 책임지겠습니다.

위드 팬데믹 시대를 대비한 공공의료 체계를 확립하고 공공의료 종사자의 처우를 정당하게 개선하겠습니다. 시민의 일방적 희생만 강요해 온 통제 방역을 넘어 손실보상 및 일상 회복 프로그램을 적극적으로 마련하겠습니다.

정의로운 복지국가의 꿈은 심상정 정부에서 비로소 현실이 될 것입니다.

6. 제도적 민주주의를 넘어, 일상의 민주주의로 나아가야 합니다.

존경하는 국민 여러분, 차별은 야만입니다.

차별에 대한 저항을 '갈등'이라고 부르는 사회는 정의롭지 않습니다. 오늘날의 이른바 젠더갈등, 세대갈등은 차별을 방치한 정치권의 대(對)시민 책임 전가입니다.

국가와 민족이라는 거대 담론 속에 개인의 존엄과 다양성이 무시됐던 시대는 20세기에 진즉 끝났어야 합니다. 태어날 때부터 선진국의 시민으로 태어난 우리 청년들은 나의 존엄이 존중되고 개성과 잠재력을 발휘할 수 있는 다원화된 사회를 요구하고 있습니다.

이제 제도적인 민주주의를 넘어 일상의 민주주의로 나아가야 합니다. 우리 일상에서 관계의 정의를 실현해야 합니다. 4년 전, 제 유세 현장에서 저를 와락 껴안았던 성소수자 청년의 눈물을 늘 기억합니다.

저 심상정은 인권을 위해서만큼은 물러섬 없는 싸움을 해왔습니다.

심상정 정부에서 '나중에'라는 말은 없을 것입니다. 차별금지법의 지연은 끝날 것입니다. 성폭력에 대한 솜방망이 처벌은 사라질 것입니다. 생활동반자법으로 다양한 가족의 삶을 보호할 것입니다.

모든 개인이 존엄하고 저마다의 삶이 존중되는 성숙한 인권 국가를 만들어 가겠습니다.

7. 대한민국은 이제 주도적 외교로 전환해야 합니다.

국민 여러분, 대한민국의 위상은 이제 G8으로 꼽힐 만큼 높아졌습니다. 우리의 외교 전략도 이제 중견 국가로서 주도적 외교로 전환해야 합니다.

저는 '기후위기'와 '평화'를 두 축으로 동아시아 그린 동맹(Green Alliance)을 추진하겠습니다.

안보의 측면에서 기후위기는 각국에 중대한 위협입니다. 북한, 중국, 일본 등과 '기후위기' 극복을 위한 탄소배출 저감 목표를 공유하고, 재생에너지 기술 교류 협력을 통해 동아시아 공존의 체제를 구축해 나간다면, 그 자체로 평화의 중요한 지렛대가 될 것입니다.

북한 비핵화 정책이 번번이 실패로 끝나는 것은 우리에게 주도적인 협상의 카드가 없기 때문입니다. 소극적인 중재자 외교를 되풀이하는 것으로는 어떤 정부가 들어서도 똑같은 결과만 도출될 것입니다.

북한이 거절할 수 없는 제안을 해야 합니다. 더 이상의 체제 위협은 없을 것이라는 믿음을 주고, 안정적으로 글로벌 가치사슬에 편입될 수 있는 공동번영 경제 네트워크를 구상하겠습니다.

점진적으로 평화의 길에 동참할 수 있도록 인내심을 갖고 북한을 안내하겠습니다.

국제사회에서도 선진국의 책임을 다할 것입니다.

특히 미얀마, 아프가니스탄 시민들을 지원하는 데 앞장서서 아시아 '평화 인권 리더국가'로서 그 위상을 확고히 하겠습니다.

8. 저와 손잡고, 미래로 가는 대전환의 다리를 건넙시다.

존경하는 시민 여러분! 사랑하는 당원동지 여러분!

산업화 정당, 민주화 정당에는 이미 수고비 주실 만큼 다 주셨습니다. 촛불정부에 대한 실망을 희망으로 바꾸는 방법은 바로 진보정당의 후보를 대통령으로 만드는 것입니다.

그동안 저 심상정과 정의당을 작게 써주셨는데 이제 아낌없이 크게 써주실 때가 되었습니다. 저와 정의당에 주신 기회는 정의당을 넘어, 제대로 세상을 바꾸고자 하는 모든 정치세력의 힘으로 확장될 것입니다.

모든 노동자 여러분, 자영업자, 소상공인, 농민 여러분, 시민사회 여러분, 청소년과 청년 여러분, 여성 여러분.

오늘도 자신이 남들과 다르다는 이유로 고통받는 모든 시민 여러분, 그리고 저와 긴 여정을 함께할 우리 자랑스러운 정의당 당원 여러분!

시민의 시대를 이끌어갈 가장 강력한 세력은 바로 여러분입니다. 저와 함께 시민이 이기는 나라를 만듭시다. 우리들의 다양한 꿈이 이뤄지는 행복한 나라를 건설합시다. 뒤돌아볼 것 없이 미래로 가는 대전환의 다리를 함께 건너갑시다.

감사합니다.

존경하는 김영주 전원위원회 위원장님과 동료의원 여러분!
사랑하는 국민 여러분! 고양 갑 국회의원 심상정입니다.

돌이켜보니 저와 진보정당이 국회에 들어온 지 올해로 20년이 되었습니다. 제가 오랜 노동운동을 뒤로 하고 정치의 길에 들어선 이유는 하나였습니다. 국회 담장을 넘지 못하던 보통 시민들의 목소리를 대변하고, 사회적 약자의 한숨과 울분에 반응하는 정치를 위해서였습니다.

작지만 진보정당이었기에 만들어 온 성과가 적지 않았습니다. 상가건물 임대차보호법 제정과 신용카드 수수료 인하, 대형마트 규제, 친

환경 무상급식, 중대재해처벌법 등 민생정치를 본격화했습니다. 또 호주제 폐지, 장애인차별금지와 저상버스 도입, 그리고 국회 특수활동비 폐지 등 사회적 약자들의 권리 확대와 기득권 특권 폐지의 새로운 장을 열어 왔습니다. 무엇보다도 노동과 노동자, 증세와 복지국가, 소수자와 인권 등의 의제를 정치의 한복판으로 불러들인 것은 진보정당의 원내 진입으로 가능했다고 감히 말씀드립니다.

지난 시기 양당 사이를 뚫고 등장했던 자유선진당, 바른미래당, 국민의당 등 제3당은 모두 사라졌습니다. 오직 저와 진보정당만이 양당 사이 가파른 협곡을 헤쳐오면서 20년을 버텨왔습니다. 지난 20년간 진보정당이 교섭단체가 되지 못한 것에는 저희의 책임도 큽니다. 하지만 정당 득표 10%를 얻고도 국회의원은 2% 의석밖에 얻지 못해 몹시 억울했습니다. 빼앗긴 8%의 의석만큼 이 배제되고 소외된 국민의 목소리를 대변하지 못해서 매우 속상했습니다.

존경하는 국민 여러분,
승자독식 선거제도 개선 없이 제3의 정치세력의 성장은 가능하지 않습니다. 또 '정치적 내전 상태'라고 까지 불리는 사생결단의 정치로는 극심한 불평등, 지역소멸, 인구절벽, 기후위기 등 국가적 명운이 달린 문제를 조금도 해결할 수 없습니다. 정치인들의 착한 선언만으로는 불가능합니다. 대화와 타협의 민주주의를 뒷받침할 수 있는 제도 개혁이 필수적입니다. 시민의 더 나은 삶을 위해서, 정의로운 대한민국의 미래를 위해서, 사력을 다해 정치를 바꿀 수 있도록, 국민 여러분께서 제도 개혁에 큰 힘을 실어주실 것을 간절하게 요청합니다.

승자독식 소선거구제는 36년 양당 체제의 철옹성이었습니다. 단한 표가 당락을 가르기 때문에 선거 때마다 절반에 가까운 표심이 버려졌습니다. 국민을 닮아야 할 국회가 처음부터 유권자 절반을 배제하고 구성됐던 것입니다. 이런 낮은 비례성을 보완하기 위한 제도가 바로 비례대표제입니다. 그 비율은 고작 15.7%에 불과해서 보완 기능이 매우 취약했습니다. 10% 정당 지지율로 2% 의석만 차지하는가 하면은, 특정 지역에서는 50%대 지지율로 90% 의석을 독점하기도 합니다. 가장 공정해야 할 선거제도가 가장 불공정한 결과를 낳고 있습니다. 이를 방치하고도 1인 1표의 등가성을 원칙으로 삼는 국민주권주의가 제대로 작동되고 있다고 감히 말할 수 있습니까?

또 21대 총선 당시 2030 유권자 비율은 31.4%였지만 현재 청년 국회의원의 수는 단 4%에 불과합니다. 그러니 국회가 청년들의 절박성을 제대로 이해할 수 있습니까? 유권자의 절반이 여성인데 여성 국회의원은 19%에 불과합니다. 우리 국회가 성폭력과 성차별의 고통을 책임 있게 다룰 수 있습니까? 그럼에도 검사, 판사, 변호사 등 법조인 출신은 46명이나 됩니다. 정치로 풀어야 할 쟁점들을 걸핏하면 법원, 헌법재판소로 가져가는 '정치의 사법화'와 그에 뒤따른 '사법의 정치화'가 과연 이와 무관하다고 말할 수 있습니까?

존경하는 국민 여러분.

선거제 개혁은 곧 제 밥그릇 챙기기 아니냐는 비난이 있습니다. 그렇습니다. 예, 우리 정의당도 국민이 지지해 주신 만큼 의석수를 얻고 싶습니다. 우리 사회 가장 낮은 곳에서 차별과 불평등에 눈물 흘리는 분들에게 손 내밀고, 작은 힘이나마 보태서 세상의 변화를 앞당기고 싶기 때문입니다.

하지만 정의당이 아니어도 좋습니다. 이 국회에 청년과 여성의 목소리가, 그리고 노동과 녹색의 의제가, 또 소수자와 약자의 권리가 더 많이 반영될 수 있다면 정의당이 아니어도 좋습니다. 국가적 난제와 세계적 도전에 당당히 맞설 수 있는 다당제 협력 정치로 이어질 수 있다면, 또 다양한 해법을 가진 여러 정당이 국회에 더 많이 들어올 수 있다면 그게 정의당이 아니어도 좋습니다.

존경하는 동료의원 여러분, 지난 위성정당 사태는 다시는 반복되지 말아야 할 민주주의의 큰 오점이었습니다. 그러나 위성정당의 출현을 제도의 탓으로 돌리는 것은 정직하지 않습니다. 정치권의 충분한 합의가 전제되지 못해서 비롯된 일인 만큼, 저부터 성찰하겠습니다. 이번 만큼은 확고한 합의 속에서 선거제 개혁이 이루어질 수 있도록 함께 노력했으면 좋겠습니다.

더불어민주당은 지난 대선에서 위성정당 추진에 대해 사과했고 다당제 연합정치로의 정치교체를 국민께 약속했습니다. "국회의원 선거 구제를 바꾸는 것이 권력을 한 번 잡는 것보다 훨씬 큰 정치 발전을 가져온다. 독일식 권역별 비례대표제가 제일 좋겠지만, 도농복합선거구제라도, 한나라당이 받아들이기만 한다면 차선이 될 수 있다고 생각한다." 노무현 전 대통령님의 이런 절실함으로 선거제도 개혁에 앞장 서주실 것을 믿습니다.

국민의힘은 집권 여당입니다. 국회 불신을 자극하고 정치혐오에 편승할 여력이 없습니다. 연초에 윤석열 대통령께서 "다양한 국민의 이해를 잘 대변할 수 있는 선거제도"로의 개선을 언급하신 바처럼, 국민과 미래를 위한 선거제도개혁에 집권 여당답게 진지하게 임해주실 것을 요청합니다.

정의당은 이번 선거제도 개혁의 핵심은 비례대표의 숫자를 확대하고 정당 지지율과 의석수를 수렴하는 것이라고 생각합니다. 국민의 정치적 의사가 100% 반영되는 정당명부 비례대표제가 최선이라고 봅니다만, 현행 제도보다 비례성과 대표성이 높아진다면 그 어떤 제도도 열어놓고 검토하겠다는 말씀드립니다.

대단히 외람된 말씀이지만, 내년 총선에서 어느 당의 압도적 승리가 이뤄진다면 저는 그것은 곧 정치의 붕괴를 의미한다고 생각합니다. 승자의 저주와 패자의 공포는 동전의 양면입니다. 승자도 패자도 공존할 수 있는, 다당제 연합정치로 전환하는 원년이 될 수 있도록, 동료의원 여러분들이 함께 초당적으로 노력했으면 좋겠습니다.

저와 정의당 의원들도 최선을 다하겠습니다. 감사합니다.

KI신서 11672

심상정,
우공의 길

1판 1쇄 인쇄 2023년 12월 29일
1판 1쇄 발행 2024년 1월 7일

지은이 심상정
엮은이 구영식
펴낸이 김영곤
펴낸곳 (주)북이십일 21세기북스

TF팀 이사 신승철
TF팀 이종배
출판마케팅영업본부장 한충희
마케팅1팀 남정한 한경화 김신우 강효원
출판영업팀 최명열 김다운 김도연
제작팀 이영민 권경민
디자인 다함미디어 | 함성주 유예지

출판등록 2000년 5월 6일 제406-2003-061호
주소 (10881) 경기도 파주시 회동길 201(문발동)
대표전화 031-955-2100 **팩스** 031-955-2151 **이메일** book21@book21.co.kr

© 심상정, 2023

ISBN 979-11-7117-360-0 03340

(주)북이십일 경계를 허무는 콘텐츠 리더

21세기북스 채널에서 도서 정보와 다양한 영상자료, 이벤트를 만나세요!
페이스북 facebook.com/jiinpill21 포스트 post.naver.com/21c_editors
인스타그램 instagram.com/jiinpill21 홈페이지 www.book21.com
유튜브 youtube.com/book21pub